화보(畫報)

▼경모재(景慕齋)

남양(南陽) 송(宋)씨 이야기 • 7

Who Am I
나는 누구인가
쉽게 읽는 한글판 나의 뿌리

남양 송씨 이야기
南陽宋氏

화보(畫報)로 보는 선조(先祖)의 발자취

화보(畵報)

남양송씨 선조유적(南陽宋氏 先祖遺蹟)

남양 송씨의 시조 송규(宋奎)는 당(唐)나라 한림학사(翰林學士)로
난신(亂臣)의 참소를 입고, 926년(신라 경애왕 3년)에 동료 7학사(七學士)와 같이
동래하여 경순왕의 후대로 이부상서를 지내며 기울어가는 국운을 일으켜 세우기 위하여
혼신을 다했으나, 마침내 신라가 망하자 벼슬을 버리고 남양 송주동(宋主洞 : 화성군
남양면 송림리)에서 여생을 마쳤습니다.

이에 후손들은 송규(宋奎)를 시조로 하고, 남양(南陽)을 본관으로 삼아 세계를 이어왔습니다. 이후 고려말에 정당문학(政堂文學) 겸 감찰대부(監察大夫)를 지내고 남양군(南陽君)에 봉해진 세보(世輔)를 파조로 하는 도촌파(道村派)와 성균관 생원으로 문하시랑에 오른 공절(公節)을 파조로 하는 안서파(雁西派)로 각각 종파를 이루어 기일세(起一世)하여 왔으며, 그후 안서파 공절의 증손인 천생(天生)의 아들로 청도군수를 지낸 안례(安禮)를 파조로 하는 서호파(西湖派)로 갈라져서 남양 송씨의 3대 인맥을 이루었습니다.

▲금곡사

남양송씨 (南陽宋氏)

송순손 묘소와 경모재
宋順孫 墓所 · 景慕齋

소재 : 전남 고흥군 대서면 상남리

송공절(宋公節)의 7세손인 송순손(宋順孫)은 고려조에 성균 생원을 지냈습니다.

▲▼송순손의 묘소와 묘비

머리말

《 남양(南陽) 송(宋)씨 이야기 》

　우리 한민족(韓民族)은 세계 어느 나라 어느 민족(民族)과도 비교되는 남다름을 담고 있는 민족이며 그것은 유구한 역사와 시간 속에서도 한결같이 이어져온 하나의 혈맥(血脈)에서 나오는 자기 정체성과 일체감이 아닐까 합니다.

　지금도 우리들의 맥박 속에는 조상들의 자랑스러운 피와 얼이 면면히 흘러 끝없이 이어져 오고 있습니다.

　조상(祖上)을 숭앙공경(崇仰恭敬)하는 정성은 바로 민족혼(民族魂)을 일깨워주는 바탕이 되는 것이며, 씨족간의 화목(和睦)과 단합(團合)은 곧 민족애(民族愛)를 북돋아 민족단합(民族團合)을 더욱 공고히 할 수 있는 원동력으로 승화될 수 있기 때문입니다.

　우리들이 더욱 화목(和睦)하고 단합(團合)하여 국가(國家)와 민족(民族)에 봉사하는 것을 이유로 우리들이 이 《남양 송씨 이야기》를 발간하는 참뜻이라 할 것입니다.

　사람과 사람이 모여서 사회를 이루고 또 그것이 커져서 국가를 이루었듯이 한 민족(氏族)의 기록된 역사인 보첩에 쏟는 노력과 애정이 모여서 우리나라 전체 역사의 헐거운 행간을 메워 든든하게 한다고 생각됩니다.

　이처럼 한 국가의 역사 바로 세우기도 하나하나의 씨족사(氏族史)가 모여서 이루어지며, 그것은 개개인의 자신의 뿌리에 대한 관심에서 비롯되는 것이라 아니할 수 없습니다.

　그런 의미에서 본 서책은 남양 송씨에 관해 체계적으로 정리 한 것으로 족인의식(族人意識)을 자각하고 일족(一族)의 친목

머리말

(親睦)을 도모하며 조상(祖上)의 뛰어난 행적을 널리 알리고자 하는 목적으로 시대적 요구에 부응하는 가장 적합한 서책이라 할 것입니다.

더구나 서구화 일변도의 물결 속에서 나날이 값진 사료들이 유실되어가고 숭조정신(崇祖情神)과 전통적(傳統的) 가치(價値)를 존중하는 마음이 퇴색하고 있는 지금, 이러한 과제는 더욱 시급한 일이 되었습니다.

조상의 행적의 공(功)과 덕(德)이 많음에도 알지 못하면 부지(不知)의 소치이며, 그 공덕(功德)을 알면서도 전(傳)하지 아니하면 불인(不仁)의 소치라 하였습니다.

급변하는 세상을 하루하루 바쁘게 살아오는 동안 오늘날 우리는 너나 할 것 없이 부지불인(不知不仁)을 면하지 못하고 있음을 생각하며 늘 안타까운 마음을 갖고 있던 차에 이렇게 우리의 역사를 성씨별로 읽기 쉽게 정리한 보첩이 발간되어 세상에 나오니 반가운 마음을 금할 수 없습니다.

특히 요즈음 자라나는 새 세대들은 세계사(世界史)나 외국 위인(偉人)에 대해서는 잘 알면서도 자기(自己)의 가계(家系)나 조상(祖上)들이 이루어 놓은 유사(遺事)에 관하여는 소홀히 하는 경향이 있는데, 이러한 시대적 상황에 처하여 온고지신(溫故知新)의 윤리도덕(倫理道德)으로 새로운 미풍양속(美風良俗)을 승화 발전시켜야 할 책무(責務)가 우리 세대에 요청받고 있으니, 다음 젊은 세대(世代)에게 올바른 윤리도덕(倫理道德)과 씨족(氏族)의 중요성을 일깨워야할 소명(召命)이며 의무(義務)가 아닐 수 없겠습니다.

이번에 우리 선현(先賢)들이 남긴 행적과 유적을 사진을 중심으로 수록한 서책을 남겨 조상(祖上)의 빛나는 얼을 재발견(再發見)하는데 크게 기여할 훌륭한 지침서(指針書)가 될 것으로 현 세대(世代)는

머리말

물론 다음 세대(世代)들의 교육에도 큰 보탬이 되리라 믿으며, 보다 널리 보급하여 민족문화(民族文化) 발전에 크게 공헌할 것을 기대해 봅니다.

지금까지의 대부분의 문중 사료와 보첩들은 우리 후손들에게는 너무 어려워서 가까이 하지 못한 점이 늘 안타까웠기에, 본 《남양 송씨 이야기》는 남녀노소 모두에게 이해하기 수월하게 구성하여 묶어 내었습니다.

이로써 생활 속에서 보다 가깝고 친근하게 조상(祖上)과 뿌리를 알게 하고 기본적인 예절을 알게 되는 계기가 될 것이라 기대합니다.

앞으로 지속적으로 고치고 더하여 증보(增補)해 나갈 것을 약속드리며, 본 보첩의 부족과 흠을 애정으로 지적하고 가르쳐주시기를 부탁드립니다.

그동안 이 보첩의 발간을 위하여 지원하고 노력하여주신 여러분들에게 진심으로 감사를 드리며, 우리민족의 위대한 발전과 도약을 기원합니다.

2014. 8. 6.
성씨이야기편찬실

| 차 례 |

□ 머리말 / 9
□ 차　례 / 12
□ 일러두기 / 20

화보(畫報)로 보는 선조(先祖)의 발자취 ············ 3

■ 남양송씨(南陽宋氏)

남양송씨 연원(南陽宋氏 淵源) ················ 22
시조 및 본관의 유래(始祖 및 本貫의 由來) ············22
씨족사 개요(氏族史 槪要) ····················23
본관지 연혁(本貫地 沿革) ····················25

항렬과 세계(行列과 世系) ···················· 26
항렬표(行列表) ··························26
세계도(世系圖) ··························28

남양송씨 명현(南陽宋氏 名賢) ···················35
송 침(宋 琛) / 35　　송 인(宋 寅) / 35
송천생(宋天生) / 35　　송 호(宋 浩) / 36
송세충(宋世忠) / 36　　송 거(宋 巨) / 36
송 보(宋 輔) / 36　　송 제(宋 悌) / 36
송 지(宋 智) / 37　　송희상(宋希詳) / 38

송응상(宋應詳) / 38   송덕일(宋德馹) / 38
송 기(宋 琦) / 39   송 선(宋 瑄) / 39
송 영(宋 瑛) / 39   송 구(宋 球) / 40
송유철(宋裕哲) / 40   송유희(宋裕喜) / 40
송유문(宋裕問) / 40   송유선(宋裕善) / 40
송정길(宋廷吉) / 41   송원길(宋元吉) / 41
송몽길(宋夢吉) / 41   송양채(宋陽彩) / 41
송석규(宋錫奎) / 41

■ 송씨효열록(宋氏孝烈錄)

송 보(宋 輔) / 44   송경창(宋慶昌) / 44
송세정(宋世貞) / 45   송 문(宋 文) / 46
송효길(宋孝吉) / 46   송장길(宋長吉) / 47
송정남(宋廷男) / 48   송시승(宋時昇) / 48
송정기(宋廷耆) / 49   송유관(宋有觀) / 51
송석윤(宋錫胤) / 52   송 윤(宋 潤) / 53
송도동(宋道東) / 53   송 현(宋 鉉) / 54
송인상(宋麟祥) / 54   송 의(宋 檥) / 55
송진하(宋鎭厦) / 56   송진록(宋鎭祿) / 57
송양신(宋陽臣) / 57   송 억(宋 檍) / 58
송양섭(宋陽攝) / 59   송기문(宋起文) / 59
송명서(宋明瑞) / 60   송양헌(宋陽憲) / 60
송재련(宋載練) / 61   송택훈(宋宅薰) / 62
송양호(宋襄浩) / 63   송대식(宋大植) / 64
송문환(宋文煥) / 65   송양호(宋良浩) / 65
송규인(宋桂仁) / 66   송성환(宋成煥) / 66
송진길(宋鎭吉) / 67   송열진(宋烈鎭) / 68
송병현(宋秉玹) / 68   송철호(宋哲浩) / 70
송예규(宋禮圭) / 71   송 억(宋 億) / 72

차 례

송주문(宋柱玟) / 72 　　송시한(宋時漢) / 73
송주성(宋柱晟) / 74 　　송훈섭(宋勳燮) / 74
송동수(宋東洙) / 75 　　송성섭(宋成燮) / 76
송승호(宋承浩) / 77 　　송봉호(宋鳳浩) / 78
송경호(宋敬浩) / 78 　　송시도(宋時道) / 79
송재수(宋在洙) / 79 　　송태백(宋泰白) / 80
송주학(宋柱學) / 81 　　송하섭(宋夏燮) / 81
송인창(宋仁昌) / 82 　　송창현(宋昶炫) / 83
송시돈(宋時敦) / 84 　　송도식(宋鍍植) / 84
송홍채(宋洪采) / 85 　　송대영(宋大榮) / 86
송주립(宋柱岦) / 86 　　송정락(宋定洛) / 87
송규섭(宋奎燮) / 88 　　송주용(宋柱鏞) / 88
송효섭(宋孝燮) / 89 　　송기영(宋基永) / 89
송판조(宋判祚) / 90 　　송 걸(宋 杰) / 90
송동일(宋東日) / 91 　　송기준(宋基俊) / 92
송부섭(宋富燮) / 92 　　송돈우(宋燉禹) / 93
송익희(宋益禧) / 94 　　송진서(宋鎭瑞) / 94
송기면(宋基勉) / 95 　　송회욱(宋會昱) / 95
송극기(宋克己)의 처 고흥류씨(高興柳氏) / 97
은진송씨(恩津宋氏) / 97
송 제(宋 悌)의 처 능성구씨(陵城具氏) / 98
송명수(宋洺秀)의 처 하동정씨(河東鄭氏) / 98
신평송씨(新平宋氏) / 99
송중엽(宋中燁)의 처 인동장씨(仁同張氏) / 100
송시권(宋時權)의 처 성주이씨(星州李氏) / 101
진천송씨(鎭川宋氏) / 101　홍주송씨(洪州宋氏) / 102
송병원(宋炳元)의 처 해주오씨(海州吳氏) / 103
송시윤(宋時允)의 처 고흥류씨(高興柳氏) / 104
신평송씨(新平宋氏) / 105
송주온(宋柱穩)의 처 풍천노씨(豊川盧氏) / 106
여산송씨(礪山宋氏) / 106
송종섭(宋宗燮)의 처 청주김씨(淸州金氏) / 107

차 례

여산송씨(礪山宋氏) / 108
송규섭(宋圭燮)의 처 충주지씨(忠州池氏) / 109
송병연(宋秉淵)의 처 경주이씨(慶州李氏) / 110
여산송씨(礪山宋氏) / 111
송주도(宋柱燾)의 처 보성오씨(寶城吳氏) / 112
여산송씨(礪山宋氏) / 113 여산송씨(礪山宋氏) / 114
송종근(宋鍾根)의 처 광산김씨(光山金氏) / 115
홍주송씨(洪州宋氏) / 116
송태옥(宋泰玉)의 처 청주한씨(淸州韓氏) / 117
송주립(宋柱岦)의 처 밀양박씨(密陽朴氏) / 118
여산송씨(礪山宋氏) / 118
송 걸(宋 杰)의 처 언양김씨(彦陽金氏) / 119
영광정씨(靈光丁氏) / 119 신평송씨(新平宋氏) / 120
송진심(宋進心) / 121
송진석(宋進錫)의 처 고령신씨(高靈申氏) / 122
은진송씨(恩津宋氏) / 123   송옥례(宋玉禮) / 123
송대식(宋大植)의 처 청송심씨(靑松沈氏) / 124
송옥기(宋玉棋)의 처 진원박씨(珍原朴氏) / 125
송개순(宋介順) / 126   송원금(宋元金) / 126
여산송씨(礪山宋氏) / 127 여산송씨(礪山宋氏) / 127

■ 송씨독립운동가(宋氏獨立運動家)

송강선(宋剛瑄) / 130   송경도(宋景道) / 130
송경석(宋庚錫) / 130   송경연(宋京燕) / 130
송경회(宋敬會) / 130   송 경 희 / 131
송계백(宋繼伯) / 131   송공위(宋公胃) / 131
송관섭(宋瓘燮) / 132   송광춘(宋光春) / 132
송광휘(宋光輝) / 132   송구용(宋龜用) / 133

차 례

송귀남(宋貴男) / 133	송규선(宋圭善) / 133
송양찬(宋楊讚) / 134	송기면(宋箕勉) / 135
송기복(宋基福) / 135	송기송(宋基松) / 135
송기수(宋基洙) / 135	송기식(宋基植) / 136
송기옥(宋基玉) / 136	송기룡(宋基龍) / 137
송기주(宋基周) / 137	송기표(宋奇杓) / 137
송기활(宋琪活) / 138	송기휴(宋基休) / 139
송길호(宋吉鎬) / 139	송남섭(宋南燮) / 139
송남형(宋南亨) / 140	송내호(宋乃浩) / 140
송영섭(宋寧燮) / 141	송능식(宋能植) / 141
송대호(宋大浩) / 141	송덕봉(宋德奉) / 142
송덕빈(宋德彬) / 142	송덕삼(宋德三) / 142
송덕일(宋德一) / 143	송덕천(宋德天) / 143
송도순(宋道淳) / 143	송동식(宋東植) / 143
송동호(宋東浩) / 144	송두용(宋斗用) / 144
송두현(宋斗鉉) / 144	송두환(宋斗煥) / 144
송두환(宋斗煥) / 145	송득승(宋得昇) / 146
송만수(宋萬洙) / 146	송말준(宋末俊) / 146
송명옥(宋明玉) / 146	송명진(宋明進) / 147
송무용(宋武容) / 147	송문근(宋文根) / 148
송문빈(宋文彬) / 148	송문선(宋文善) / 148
송문수(宋文壽) / 148	송문일(宋文一) / 149
송문정(宋文正) / 149	송문주(宋文冑) / 149
송문주(宋文柱) / 149	송문호(宋文鎬) / 149
송병관(宋秉觀) / 150	송병기(宋秉箕) / 150
송병선(宋秉璿) / 150	송병순(宋秉珣) / 151
송병영(宋炳榮) / 151	송병옥(宋炳玉) / 151
송병우(宋秉祐) / 152	송병운(宋炳雲) / 153
송병조(宋秉祚) / 153	송병창(宋炳昌) / 154
송병철(宋炳喆) / 154	송병철(宋秉喆) / 154
송병하(宋炳河) / 155	송병희(宋炳熙) / 155
송복덕(宋福德) / 155	송복만(宋福晩) / 155

송복룡(宋福龍) / 156	송봉국(宋鳳國) / 156
송봉숙(宋鳳淑) / 156	송봉운(宋逢云) / 157
송봉재(宋鳳在) / 157	송빈문(宋彬文) / 158
송산선(宋删瑄) / 158	송상규(宋尙圭) / 158
송상규(宋相奎) / 158	송상도(宋相燾) / 159
송상봉(宋相鳳) / 159	송상하(宋相河) / 159
송서룡(宋瑞龍) / 160	송석래(宋錫來) / 160
송석봉(宋錫奉) / 160	송석우(宋錫禹) / 160
송석준(宋錫峻) / 161	송석형(宋錫亨) / 161
송선호(宋善鎬) / 161	송성겸(宋聖謙) / 161
송성무(宋聖武) / 162	송성수(宋聖秀) / 162
송성수(宋聖秀) / 162	송성용(宋聖用) / 163
송성준(宋成俊) / 163	송성택(宋晟澤) / 163
송성학(宋性學) / 164	송세탁(宋世卓) / 164
송세호(宋世浩) / 164	송세호(宋世浩) / 165
송세환(宋世桓) / 165	송세희(宋世禧) / 165
송수근(宋壽根) / 166	송수답(宋水畓) / 166
송수연(宋洙連) / 166	송순묵(宋淳默) / 166
송순이(宋順怡) / 167	송시옥(宋時玉) / 167
송시용(宋始鏞) / 167	송신택(宋晨澤) / 168
송안빈(宋安彬) / 168	송암우(宋岩于) / 168
송양묵(宋養默) / 168	송언회(宋彦會) / 169
송여직(宋汝直) / 169	송영근(宋榮根) / 169
송영기(宋榮起) / 170	송영덕(宋榮德) / 170
송영보(宋榮甫) / 170	송영율(宋永律) / 170
송영준(宋永駿) / 171	송영집(宋永集) / 171
송영찬(宋榮燦) / 171	송영철(宋英哲) / 172
송영택(宋榮澤) / 172	송영호(宋永昊) / 172
송영우(宋永祐) / 172	송영환(宋永煥) / 173
송완명(宋完命) / 173	송용기(宋龍基) / 173
송용현(宋龍顯) / 173	송우근(宋祐根) / 174
송우선(宋祐善) / 174	송우필(宋禹弼) / 175

차 례

송우흠(宋于欽) / 175   송원건(宋元健) / 175
송원순(宋元淳) / 175   송원흥(宋元興) / 176
송윤섭(宋玧燮) / 176   송윤성(宋允性) / 176
송윤진(宋潤鎭) / 177   송윤화(宋潤和) / 177
송의순(宋義淳) / 177   송이수(宋二洙) / 177
송 익(宋 益) / 178   송익면(宋益勉) / 178
송익수(宋益洙) / 178   송익순(宋益淳) / 178
송익주(宋益周) / 178   송인석(宋仁奭) / 179
송인수(宋仁洙) / 179   송인식(宋寅植) / 179
송인영(宋仁永) / 179   송인집(宋寅輯) / 180
송인회(宋寅會) / 180   송일길(宋日吉) / 180
송일봉(宋一鳳) / 180   송일성(宋日成) / 181
송일훈(宋日勳) / 181   송일훈(宋一訓) / 182
송자순(宋子舜) / 182   송자현(宋子賢) / 182
송장식(宋章植) / 182   송재기(宋在紀) / 183
송재락(宋在絡) / 183   송재만(宋在滿) / 183
송재원(宋在元) / 184   송재원(宋在元) / 184
송재필(宋在弼) / 184   송재현(宋在賢) / 185
송전도(宋全道) / 185   송정욱(宋鼎項) / 185
송정헌(宋正憲) / 185   송제운(宋濟雲) / 186
송종규(宋宗奎) / 186   송종규(宋鍾奎) / 186
송종근(宋鍾根) / 186   송종대(宋鍾大) / 186
송종만(宋鍾萬) / 187   송종빈(宋鍾斌) / 187
송종석(宋宗錫) / 187   송종선(宋鍾宣) / 187
송종우(宋鍾愚) / 188   송종혁(宋棕赫) / 188
송종현(宋鍾鉉) / 188   송재렴(宋在濂) / 188
송주면(宋宙勉) / 189   송주방(宋柱邦) / 189
송주봉(宋柱奉) / 189   송주영(宋柱營) / 190
송주일(宋柱一) / 190   송 주 헌 / 190
송 주 홍 / 190   송준필(宋俊弼) / 190
송지석(宋芝碩) / 191   송지영(宋芝英) / 191
송지환(宋芝煥) / 192   송지환(宋芝煥) / 192

송진상(宋鎭相) / 192	송진선(宋鎭善) / 192
송진우(宋鎭禹) / 193	송찬용(宋贊用) / 193
송찬홍(宋贊洪) / 193	송창규(宋彰奎) / 194
송창근(宋昌根) / 194	송창근(宋昌根) / 194
송창빈(宋昌彬) / 194	송창석(宋昌錫) / 195
송창섭(宋昌燮) / 195	송창해(宋昌海) / 195
송창헌(宋昌憲) / 196	송천흠(宋千欽) / 196
송철수(宋哲洙) / 196	송치섭(宋致燮) / 197
송치수(宋致壽) / 197	송치열(宋致烈) / 197
송쾌철(宋快喆) / 197	송태규(宋泰奎) / 197
송태식(宋泰植) / 198	송태식(宋泰植) / 198
송태호(宋太浩) / 198	송택영(宋澤永) / 199
송택흥(宋澤興) / 199	송판구(宋判九) / 199
송필만(宋必滿) / 199	송학선(宋學善) / 200
송한용(宋漢鏞) / 200	송환구(宋桓九) / 201
송한룡(宋漢龍) / 201	송행범(宋行範) / 201
송헌기(宋憲基) / 201	송덕길(宋德吉) / 202
송덕수(宋德樹) / 202	송덕영(宋德榮) / 202
송해갑(宋海甲) / 203	송 헌(宋 憲) / 203
송현건(宋玄健) / 203	송현근(宋賢根) / 204
송현일(宋鉉一) / 204	송현태(宋顯台) / 204
송형규(宋炯奎) / 205	송형섭(宋炯燮) / 205
송호곤(宋鎬坤) / 205	송호기(宋鎬基) / 205
송호완(宋鎬完) / 206	송홍래(宋鴻來) / 206
송홍만(宋弘萬) / 206	송홍식(宋弘植) / 207
송회근(宋晦根) / 207	송훈익(宋勳翼) / 207
송흥국(宋興國) / 207	송흥만(宋興萬) / 208
송흥진(宋興眞) / 208	송희선(宋羲宣) / 208
송희성(宋希成) / 209	

차 례

일러두기

1. 이 책은 전통적인 족보(族譜)와 보첩(譜帖)의 체제에서 벗어나 선조(先祖)들의 구체적인 행적(行蹟)에 대해 일반인들과 젊은 세대(世代)가 쉽게 보고 이해할 수 있도록 하는 것에 주된 방향을 맞추어 편찬하였습니다. 때문에 어려운 한문체(漢文體)의 내용이나 중복되는 내용이 많은 것은 배제하였습니다.

2. 본 보첩(譜諜) 편찬의 근본정신은 오랜 역사를 거쳐 오면서 유실된 사료(史料)와 각 씨족별로 나타나는 복잡하고 많은 이설(異說) 등의 다양한 견해(見解)를 모두 반영하기 보다는 자라나는 어린 후손들에게 보다 쉽고 친근하게 선조의 씨족사를 이야기하고 선조의 발자취를 보여줌으로써 자긍심을 키우고 미래를 밝혀줄 바른 정신을 전하고자 하는데 있음을 밝혀둡니다.

3. 본 서(書)는 각 성씨별, 관향별 종친회(宗親會)와 그 외 각 지파(支派)에서 발간해온 보첩과 자료를 주로 참고하였으며, 일반 서적과 사전류에 수록된 내용들도 발췌 정리하여 엮음으로써 가능한 한 많은 내용을 담도록 노력하였습니다.

4. 수록된 관향의 순서는 가나다순(順)으로 하였으나 편집의 편의상 선후가 바뀔 수도 있음에 양혜를 구하며, 인물의 경우 계대를 따르는 것을 원칙으로 하였으나 여의치 않을 경우 대략적인 활동 연대순을 따랐습니다.

5. 각 본관별(本貫別) 내용 구성은 먼저 주요 선조의 유적 유물 사진을 수록하고, 연원(淵源)과 씨족사(氏族史), 세계(世系)과 행렬(行列) 등을 한눈에 이해하기 쉽게 정리하고, 그리고 역대 주요 명현(名賢)의 생애와 업적을 이해하기 쉬운 약전(略傳) 형식으로 수록하였습니다.

6. 수록한 내용과 인물들은 삼국유사《三國遺事》,삼국사기《三國史記》,고려사《高麗史》,조선왕조실록《朝鮮王朝實錄》,고려공신전《高麗功臣傳》,국조방목《國朝榜目》 등의 일반 사료(史料)의 기록을 기반으로 하여 각 성씨별 문중(門中)에서 발행한의 보첩에 나타나 있는 명현(名賢)을 망라하였으나 자료의 미비로 부득이 누락된 분들은 다음 기회에 보완 개정하고자 합니다.

남양송씨
南陽宋氏

남양송씨(南陽宋氏)

남양송씨 연원(南陽宋氏 淵源)

시조 및 본관의 유래(始祖 및 本貫의 由來)

남양 송씨의 시조 송규(宋奎)는 당(唐)나라 한림학사(翰林學士)로 난신(亂臣)의 참소를 입고, 926년(후당 명종원년 신라 경애왕 3년)에 동료 7학사(七學士)와 같이 동래하여 경순왕의 후대로 이부상서를 지내며, 기울어가는 국운을 일으켜 세우기 위하여 혼신을 다했으나 마침내 신라가 망하자 벼슬을 버리고 남양 송주동(宋主洞 : 화성군 남양면 송림리)에서 여생을 마쳤다.

이에 후손들은 송규(宋奎)를 시조로 하고 남양(南陽)을 본관으로 삼아 세계를 이어오면서, 고려말에 정당문학(政堂文學) 겸 감찰대부(監察大夫)를 지내고 남양군(南陽君)에 봉해진 세보(世輔)를 파조로 하는 도촌파(道村派)와 성균관 생원으로 문하시랑에 오른 공절(公節)을 파조로 하는 안서파(鴈西派)로 각각 종파를 이루어 기일세(起一世)하여 왔으며, 그후 안서파 공절의 증손인 천생(天生)의 아들로 청도군수를 지낸 안례(安禮)를 파조로 하는 서호파(西湖派)로 갈라져서 남양 송씨의 3대 인맥(人脈)을 이루었다.

씨족사 개요(氏族史 概要)

가문의 인맥을 보면 남양군 세보(世輔)의 아들 경화(景華)가 고려조에서 평장사(平章事)를 역임했고, 손자 백문(伯文)은 판삼사사(判三司事)에 올라 가세를 크게 일으켰으며, 문하시랑(門下侍郞)을 지낸 공절(公節)의 아들 침(琛)과 손자 인(寅)이 유명했다.

천성이 온후하고 효성이 지극했던 침(琛)은 문과(文科)에 급제하여 감사(監司)를 지내고, 은청광록대부(銀靑光錄大夫)로 문하시중(門下侍中)에 이르러 고려가 망하고 조선이 개국되자 불사이군(不事二君)의 충절로 개성(開城) 두문동(杜門洞)으로 들어가 절의(節義)를 지켰으며, 후에 경북 고령의 송림촌(松林村)에 은거하면서 은행나무를 심고 호를 행정(杏亭)이라 하여 평생동안 한강을 건너지 않았다고 한다.

조선조에 와서는 세종 때 문과에 급제하여 청도군수(淸道郡守)를 지낸 천생(天生)과 사헌부 감찰을 역임한 세충(世忠 : 천생의 현손)이 유명했으며, 또한 승주(承周)의 아들 6형제가 크게 현달하여 명문의 기틀을 다지기 시작했다.

15세 때 경사(經史)를 읽어 주위를 놀라게 했던 인(仁 : 승주의 첫째 아들)은 예도에 밝아 유교학에 기여했으며 벼슬은 내금위에 머물렀다.

한편 인(仁)의 아우로 무과에 급제한 지(智)는 훈련원 봉사(訓練院奉事)가 되어 임진왜란이 일어나자 아우 염(塩), 족인

남양송씨(南陽宋氏)

(族人) 선(瑄)과 더 불어 의병을 모집하여 흥양현(興陽縣)을 지키는데 공을 세웠다.

제(悌)는 선조 때 봉상시 첨정(奉常寺僉正)에 천거되어 남포(藍浦)와 당진(唐津) 현감(縣監)을 지낸 명장으로 임진왜란이 일어나자 창의하여 휘하에 2백 명을 거느리고 영남 일대에서 전공을 세워 무명을 떨쳤다.

절도사 황진 장군과 합류하여 진주성을 지키다가 전세가 불리해지자 비장한 각오로 조카 덕린(德麟 : 지의 아들)과 덕이(德駬 : 염의 아들)를 시켜 "내 몫까지 부모님 잘 모시고, 나의 뼈를 촉석루 아래에 거두어 주십시오."라는 편지를 형님에게 부친 다음 왜적과의 싸움에서 전사하였다.

왜적들도 제(悌)의 충절에 감탄하여 '참다운 의사(義士)'라고 하여 공의 시신을 거두어 진주성 남쪽에 가매장하고 '조선(朝鮮) 의사(義士) 송제(宋悌)의 무덤'이란 표찰을 세워주었다 한다.

선조로부터 용호장군(龍虎將軍)이란 호(號)를 하사받았던 덕일(德馹 : 인의 아들)은 제(悌)의 조카로 선조가 의주로 피난 갈 때 호종하였으며, 정유재란 때 진도 군수로서 당포대첩(唐布大捷)에 일등 공훈을 세웠으며 부령 부사(部寧府使)로 있을 때는 정병 7백을 이끌고 심하(深河)의 여진족을 토벌하여 경상좌도 병마절도사(慶尙左道兵馬節度使)에 올랐으나 여진의 잔당 고면을(古丐乙)의 야습에 분전하다가 전사하여 병조판서(兵曹判書)에 추증되었다.

그 밖의 인물로는 정유재란 때 이순신의 막하로 들어가 회령포에서 조전(助戰)하고 좌수영으로 적을 추적하여 당사도와 칠산해(七山海)에서 적선을 대파시켰던 영(玲 : 응상의 아들)이 노량 싸움에서도 대승을 거두어 크게 무명을 떨쳤으며, 그의 아우 구(球)는 병난에 훈련원 판관으로 고금도에서 공을 세우고 선무원종공신(宣武原從功臣)에 책록되어 의절(儀節)의 가통(家統)을 지켰다.

본관지 연혁(本貫地 沿革)

남양(南陽)은 지금의 경기도 수원과 화성군 일원을 포함한 지역의 옛 지명으로 고구려 때의 당성군(唐城軍)을 신라 경덕왕이 당은군(唐恩軍)으로 개칭하였다.

고려조에 들어 다시 당성군으로 고쳤으며, 현종 9년(1018년) 수주(水州 : 수원)와 인주(仁州 : 인천)에 편입되기도 했으나, 충선왕 2년(1310년)에 남양부(南陽府)가 되었다.

조선조 말기에 남양군(南陽郡)이 되어 인천부 관할이 되었다가 1913년 군을 폐하고 그 땅을 나누어 영흥면, 대부면은 부평군(富平郡)에 편입시키고, 나머지는 모두 수원군(水原郡)에 합하였다.

그후 수원면이 읍으로 되었으며 후에 수원읍 이외의 지역은 화성군(華城郡)으로, 수원읍은 수원시로 되었다.

남양송씨(南陽宋氏)

항렬과 세계(行列과 世系)

항렬표(行列表)

안서 도촌파(鴈西 道村派)

세	항렬자	세	항렬자	세	항렬자	세	항렬자
22	석(錫)	23	택(澤)	24	계(桂)	25	지(志) 현(炫)
26	문(汶) 록(錄)	27	형(炯) 주(柱)	28	기(基)	29	종(鍾)

안서 응동파(鴈西 應同派)

세	항렬자	세	항렬자	세	항렬자	세	항렬자
20	시(時)	21	회(會)	22	병(秉)	23	동(東)
24	현(炫)	25	은(垠)	26	한(漢) 석(錫)	27	형(炯) 모(模)
28	곤(坤)						

안서 서호파(鴈西 西湖派)

세	항렬자	세	항렬자	세	항렬자	세	항렬자
19	숙(淑)	20	주(柱)	21	찬(燦)	22	기(基)
23	종(鍾)	24	수(洙)	25	병(柄)	26	희(熙)
27	규(圭)	28	현(鉉)	29	영(永)	30	표(杓)
31	형(炯)	32	균(均)	33	진(鎭)	34	하(河)
35	근(根)	36	환(煥)	37	경(坰)	38	석(錫)
39	한(漢)	40	권(權)	41	황(煌)	42	배(培)
43	탁(鐸)	44	순(淳)				

남양송씨(南陽宋氏)

세계도(世系圖)

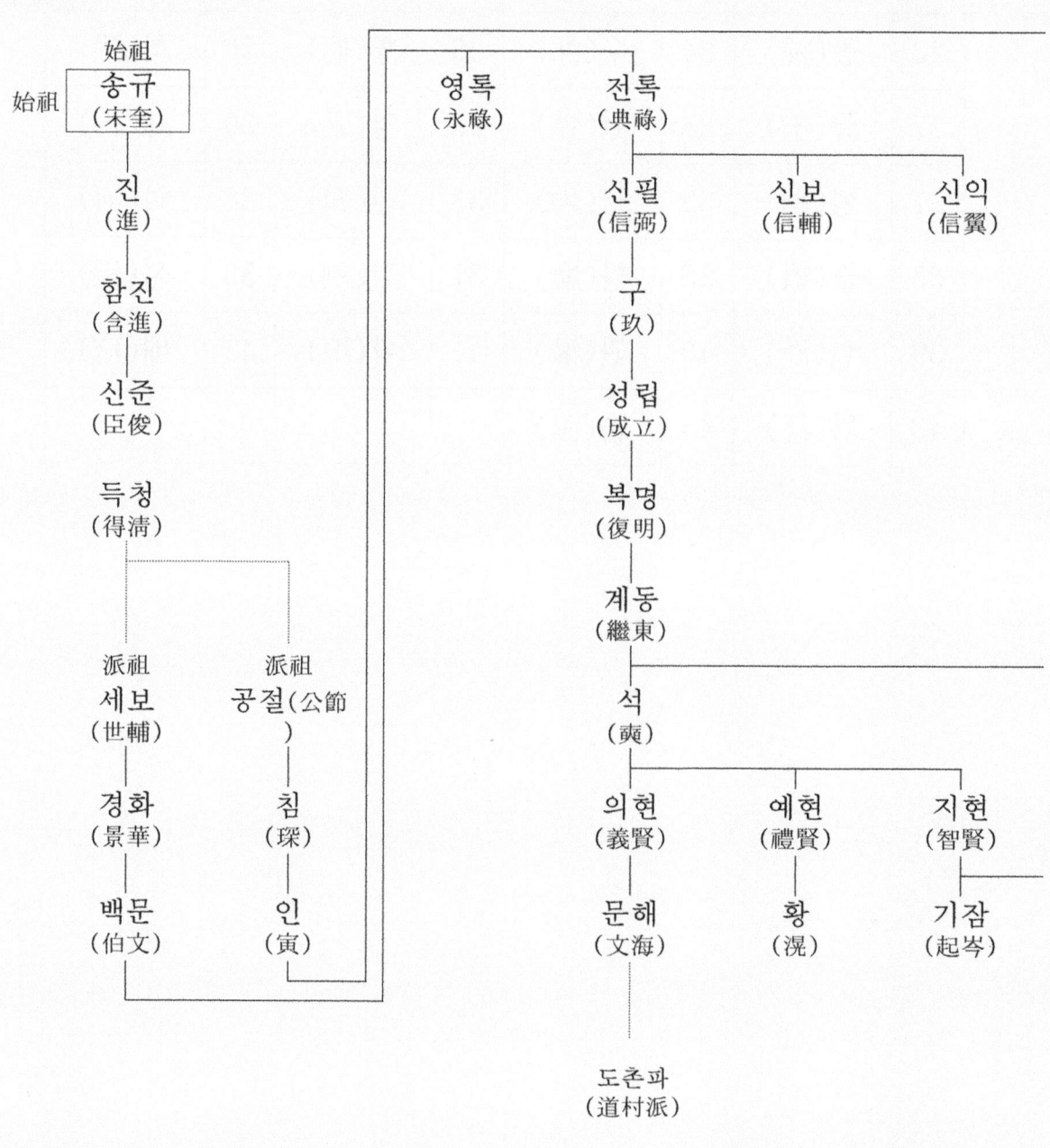

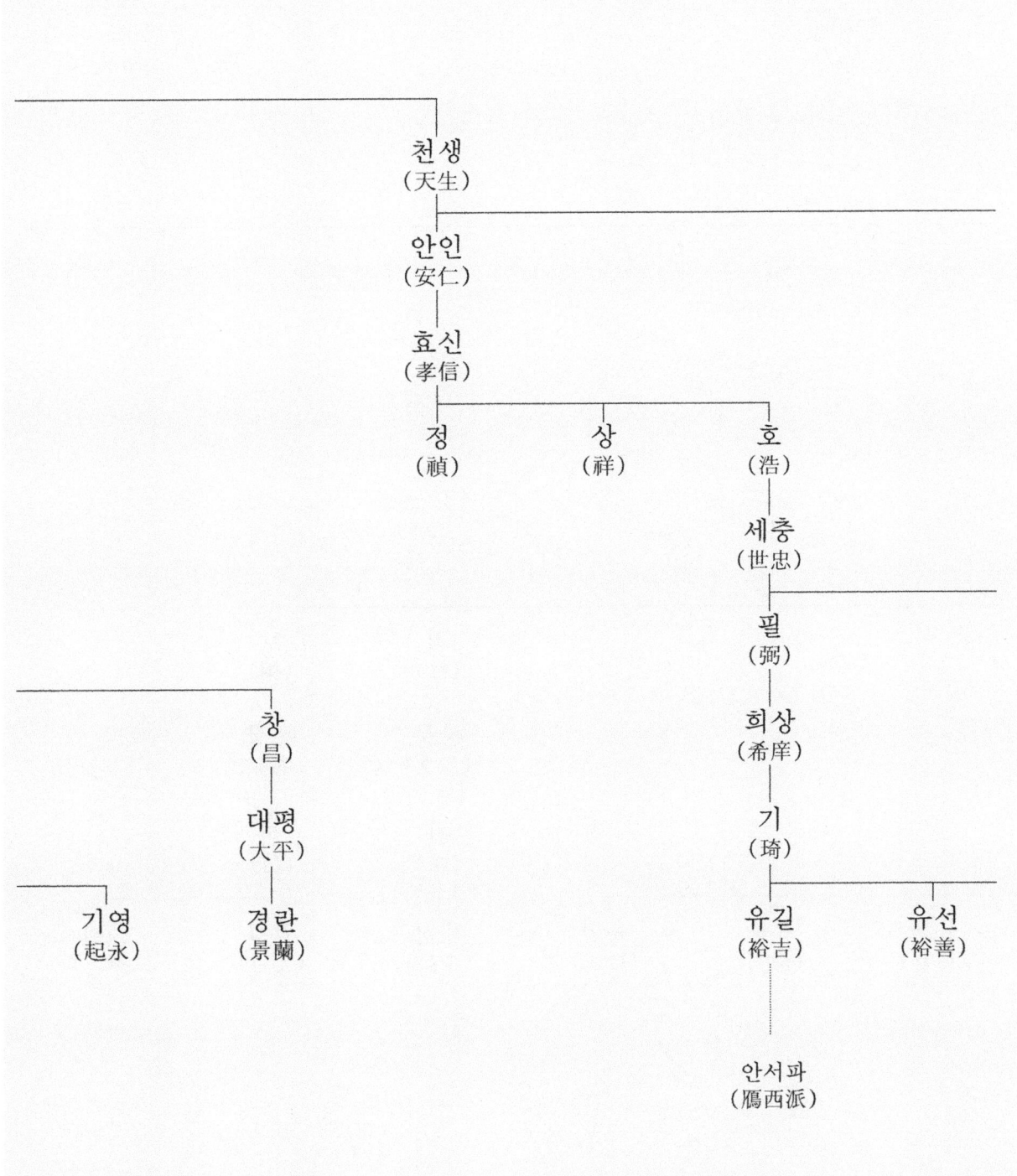

남양송씨(南陽宋氏)

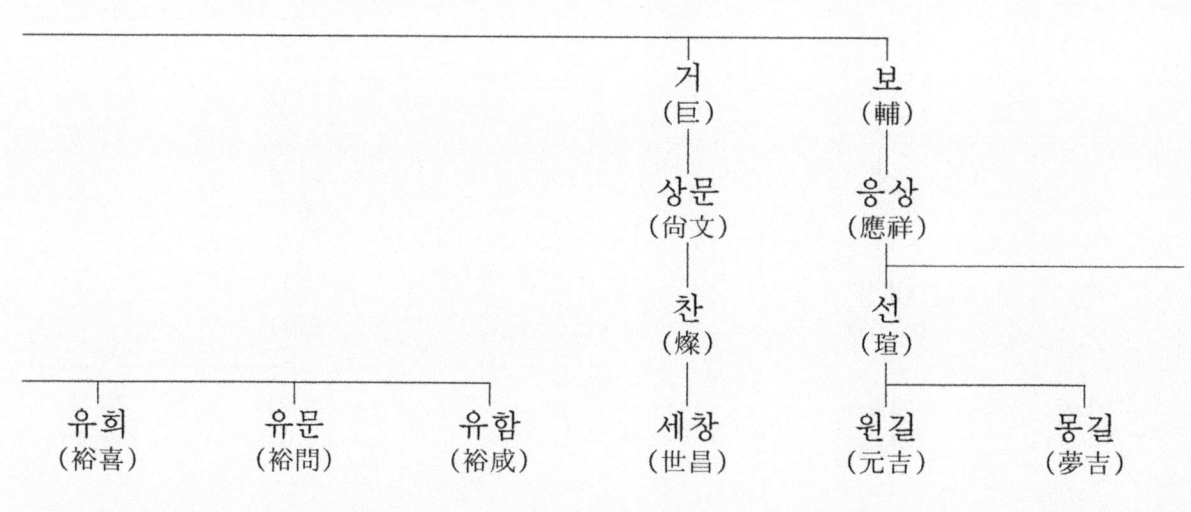

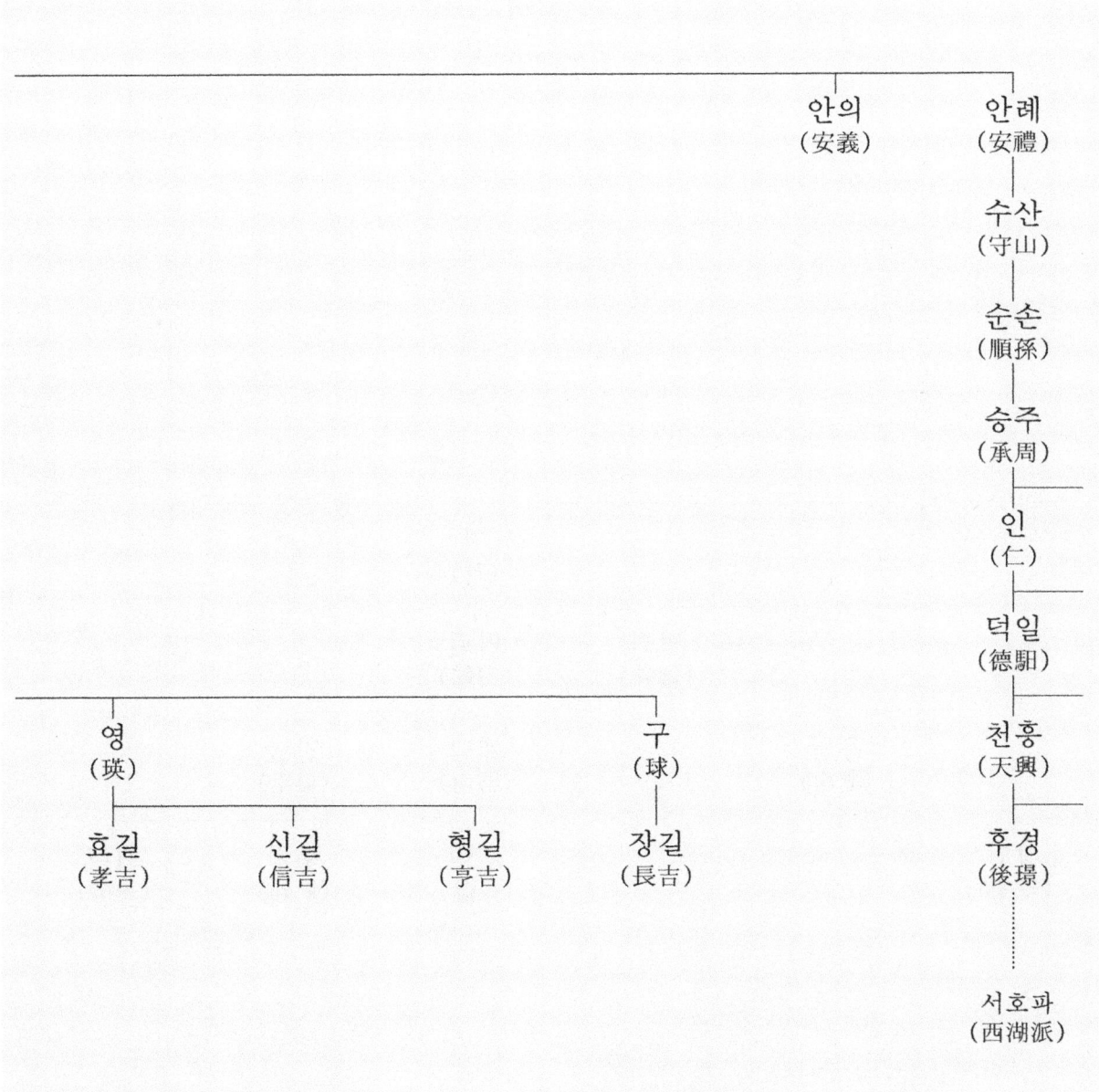

남양송씨(南陽宋氏)

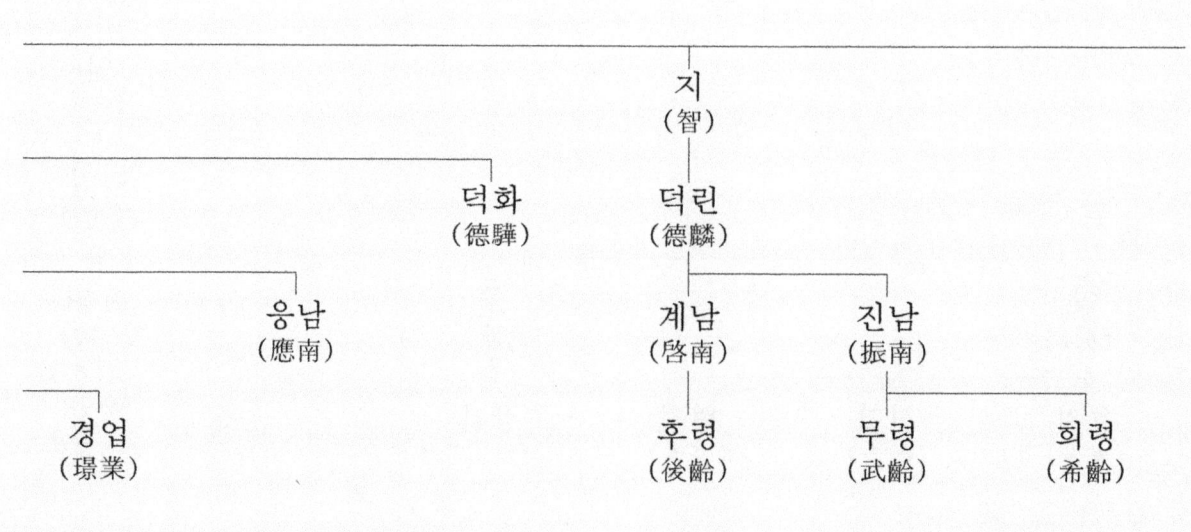

남양송씨(南陽宋氏)

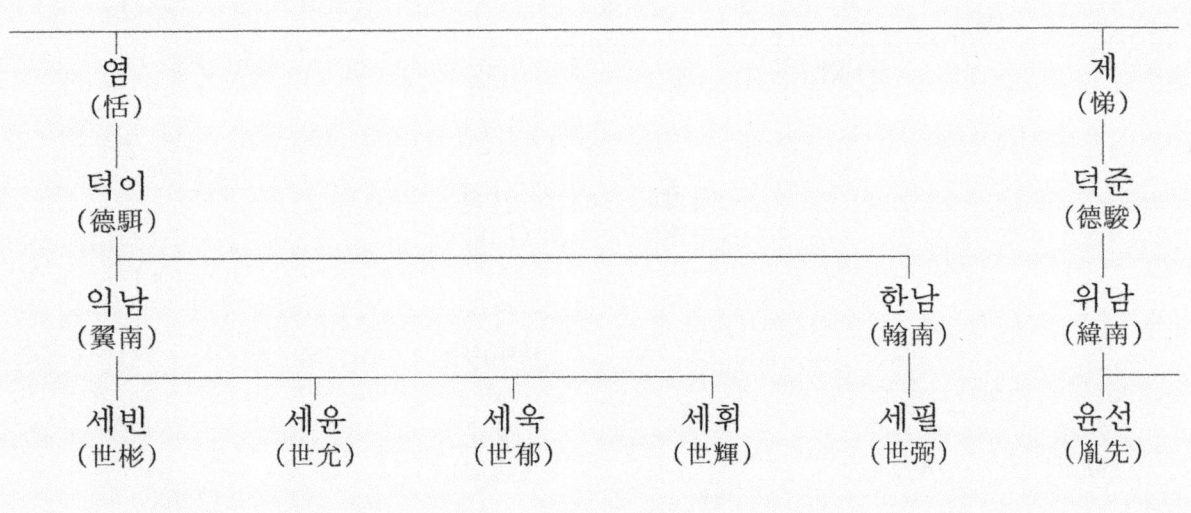

남양송씨(南陽宋氏)

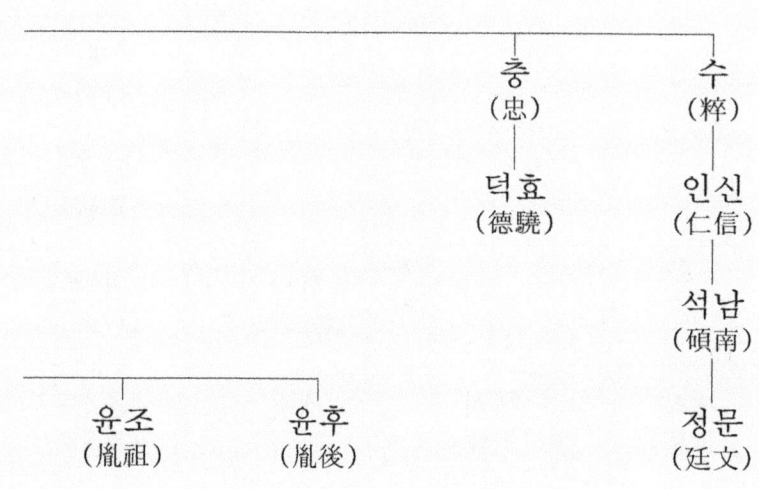

남양송씨 명현(南陽宋氏 名賢)

송 침(宋 琛)

고려 때 문과에 급제한 후에 감사(監司)를 거쳐 은청광록대부(銀靑光祿大夫)에 올라 문하시중(門下侍中)을 역임하였고, 남양군(南陽君)에 봉해졌다.

송 인(宋 寅)

1356년(공민왕 5)~1432년(세종 14). 호(號)는 송촌(松村)이고 공절(公節)의 손자이다.

1374년(공민왕 23)에 진사가 되고, 공양왕 때 판도판서(版圖判書), 정당문학(正堂文學)등을 역임하고, 문하시중(門下侍中)에 이르렀다.

조선이 개국되자 두문동(杜門洞)에 들어가 벼슬에 나아가지 않았다.

송천생(宋天生)

호(號)는 차송정(次松亭), 1450년(세종 32) 문과에 급제한 후, 청도 군수(淸道郡守)를 역임하였다.

남양송씨(南陽宋氏)

송 호(宋 浩)

호(號)는 야은(野隱)이며, 조선 때의 학자로 문장(文章)과 덕행(德行)이 뛰어났다.

송세충(宋世忠)

자(字)는 서보(絮甫), 호(號)는 나수(那守)이다.
조선 때 사헌부 감찰(司憲府監察)을 역임하였다.

송 거(宋 巨)

조선조에 현감(縣監)을 지냈다.

송 보(宋 輔)

자(字)는 신언(臣彦)으로 조선 때 현령(縣令)을 역임하였다.

송 제(宋 悌)

1547년(명종 2)~1593년(선조 26). 자(字)는 유칙(惟則)이며, 승주(承周)의 아들이다.

어릴 때부터 효우(孝友)가 돈독하고 학문(學問)이 높아 봉상시 첨정(奉常寺僉正)에 천거되고, 1592년(선조 25) 임진왜란을 당해서는 왕을 의주(義州)까지 호종했다.

그 해 한음(漢陰) 이덕형(李德馨)을 따라 원병을 청하러 명나라에 다녀와 남포(藍袍), 당진 현감(唐津縣監)을 역임하였고, 이듬해 호서(湖西)의 무민공(武愍工) 황진(黃進)과 더불어 의병을 일으켜 영남(嶺南)으로 내려가 의령(宜寧)에서 다른 의병과 합세하여 진주성으로 들어갔다.

그러나 진주성(晉州城)을 공략하는 왜병을 무찌르다 전세가 불리하자, 조카 덕린(德麟)과 덕이(德餌)를 시켜 형에게 마지막으로 어머니를 잘 모셔달라는 유언을 전하고 전력을 다해 싸우다 전사했다.

호조 참의(戶曹參議)에 추증(追贈)이 되고, 정려가 내려졌으며, 고흥(高興)의 운곡사(雲谷祠)에 배향되었다.

송 지(宋 智)

승주(承周)의 아들로 1576년(선조 9) 무과(武科)에 급제하여 훈련원 봉사(訓練院奉事)에 제수되었고, 1587년(선조 20) 오랑캐가 경흥(慶興)의 녹둔도(鹿屯島)에 침입하여 이순신(李舜臣)이 이를 격퇴할 때 그는 흥양현(興陽縣)을 지켰다.

1592년 임진왜란이 일어나자 이순신을 따라 명량(鳴梁) 싸움에 참가하여 대승을 거두었으므로 그 공로로 무승지(武承旨)에 올랐다.

이처럼 적을 보면 호랑이로 돌변하였던 그가 부모에게는 효성이 지극했으니, 부모상을 당하여는 그 동안 나라의 적을 무찌르느라 효도를 다하지 못했음을 한으로 여겨 피눈물을 쏟았고, 특별히 부친이 생전에 심고 가꾸던 은행나무를 쓰다듬으며 날마다

남양송씨(南陽宋氏)

호곡하니 그 뜨거운 눈물이 떨어져 은행잎이 말랐다고 한다.

이 같은 효성에 향리의 칭송이 자자했고 그 전설이 지금도 촌로들의 이야기 거리가 되고 있다.

송희상(宋希詳)

호(號)는 희헌(希軒)으로 조선에서 사재 감정(司宰監正)을 지냈다.

송응상(宋應詳)

자(字)는 경중(慶仲)으로 조선 때 훈련원 첨정(訓練院僉正)을 역임하였다.

송덕일(宋德馹)

자(字)는 치원(致遠), 호(號)는 조은(釣隱)이다.

무과에 장원급제하여, 1592년(선조 25) 임진왜란이 일어나자 훈련원 첨정(訓練院僉正)으로서 의주(義州)로 왕을 호종(扈從)하자, 왕이 '호위장(虎威將)'의 호와 은대(銀帶)를 하사하였다.

이어 1597년 정유재란(丁酉再亂)에는 진도 군수(珍島郡守)로서 이순신의 막하에 들어가 명량(鳴梁) 싸움에서 전공을 세워 그 공으로 선무원종공신(宣武原從功臣)에 책훈되고 부령 부사(副寧府使)가 되었다.

이때 여진(女眞)의 침입을 받자 정병 7백을 이끌고 이를 격파하고 달아나는 적의 추장을 사로잡아 그 목을 서울로 보내니 왕이 포상하고 경상좌병마사(慶尙左兵馬使)에 임명하였다.

그러나 부임 전에 여진(女眞)의 잔당 고개을(古丐乙)등이 어둠을 타고 침입하여 성에 불을 지르자 그는 창졸간에 아무런 방비도 없이 사병(士兵) 수십 명을 거느리고 적을 대항하였으나 적의 화살에 얼굴을 맞고 전사했다.

이에 나라에서 예관을 보내어 치제케 하고, 병조 판서(兵曹判書)에 추증(追贈)이 되고, 고향에 정려(旌閭)가 세워졌다.

송 기(宋 琦)

조선 때 사과(司果)를 지냈다.

송 선(宋 瑄)

자(字)는 사진(士珍), 호(號)는 백암(柏菴)이다.

1577년(선조 10) 무과에 급제한 후 첨정(僉正)으로서, 1597년(선조 30)에 고금도 대첩(古今道大捷)에서 커다란 공(功)을 세웠다.

송 영(宋 瑛)

호(號)는 귀은(龜隱), 조선 때 승정원 좌승지(承政院左承旨)를 지냈으며, 1592년(선조 25) 임진왜란(壬辰倭亂) 때 고금도(古今道)에서 공을 세웠다.

남양송씨(南陽宋氏)

송 구(宋 球)

호(號)는 남곡(南谷)으로 1587년(선조 20) 병사를 모집하여 성묘(聖廟)를 수호하였으며, 임진왜란 때 훈련원 판관(訓練院判官)으로서 고금도(古今道)에서 공을 세웠다.

송유철(宋裕哲)

자(字)는 철보(哲甫)이며, 조선조(朝鮮朝)에 참봉(參奉)을 지냈다.

송유희(宋裕喜)

자(字)는 희보(喜甫)로 기용(氣勇)이 탁월하고 문사(文辭)가 절륜(絶倫)하였으며, 1597년(선조 30)의 정유재란(丁酉再亂) 때 의병을 일으켜 고금도 대첩(古今道大捷)에서 커다란 전공을 세웠다.

송유문(宋裕問)

자(字)는 문보(文甫)이며 조선 때 참봉(參奉)을 지냈다.

송유선(宋裕善)

자(字)는 선보(善甫)로 조선에서 군자감봉사(軍咨監奉事)를 지냈다.

송정길(宋廷吉)

조선 때 수문장(守門將)을 지냈다.

송원길(宋元吉)

자(字)는 선장(善長)으로 조선 때 수문장(守門將)을 지냈다.

송몽길(宋夢吉)

자(字)는 길삼(吉三)이며 조선에서 어모장군(禦侮將軍)에 올랐다.

송양채(宋陽彩)

자(字)는 학천(學天), 호(號)는 신암(愼菴)이다.
 조선조에 좌승지(左承旨)를 역임하였다.

송석규(宋錫奎)

호(號)는 신헌(愼軒)으로 조선 때 중추부사(中樞副事)를 지냈다.

숑씨효열록
宋氏孝烈錄

송 보(宋 輔)

1404년(문종 1)~ . 사헌부 감찰 세충(世忠)의 아들이다.

학문을 닦아 벼슬길에 나아가 진위현령(振威縣令)이 되었으나 인종, 명종조에 세상이 어지러워지자 이를 개탄하여 관직을 버리고 물러나니, 백성들이 그 고을 동쪽에 거사비(去思碑)를 세워 공의 선정을 기념하였다.

덕행이 뛰어날 뿐 아니라 효성이 지극해서 성심성의를 다하여 부모를 섬기더니 상을 당해서는 애통해 하며 예를 다하여 장례를 치르고, 거상에도 남다른 정성을 들였으며, 제삿날을 당하면 목욕재계하고 정결하게 모셨다.

또한 친척간이나 형제간에 우애하고 사람을 대하는데 화애로운 처세로써 두루 화목을 꾀하니 뭇사람들이 크게 감복하였다.

송경창(宋慶昌)

1541년(중종 36)~1592년(선조 25), 군수(郡守) 응수(應秀)의 아들이다.

성품이 온화하고 쾌활 대담했으며 학문을 즐기며 벼슬에는 관심이 없이 집에서 부모 섬기기에 힘썼다.

혜평공(惠平公) 강현(姜顯)의 딸을 아내로 맞아 부부 합심하여 부모를 극진히 섬겼다.

모친 진주강씨가 "사람은 수신제가 후에 나라 일을 하여 백성을 잘 살게 해야 한다"며 벼슬할 것을 권하나 그는 "벼슬길에 나가면 효도를 다할 수 없다"고 하며 거절하다가 모친의 강권에 못이겨 음사(蔭仕)로 선교랑(宣敎郞)에 봉사하다가 부친과 같이 벼슬을 버리고 선영이 있는 회덕(懷德)으로 돌아와서 다시 부모 섬기기에

송씨효열록(宋氏孝烈錄)

여념이 없었다.

1592년(선조 25) 임진왜란 때 그는 81세의 노부를 업고 피난길에 올랐다가 충북 보은(報恩)에서 왜적을 만났는데, 왜적들이 살인과 약탈은 물론 부녀자 겁탈을 일삼으니 사람들은 피난하기에 급급하였다.

그들 부자를 만난 왜적은 불문곡직하고 노인을 죽이려 들자, 그는 잽싸게 부친을 가로막고 덤비는 왜적들을 맨주먹으로 대항하며 "아무리 무도 불측한 섬나라 오랑캐지만 늙은 사람을 죽이려는 것은 무슨 까닭이냐?"하며 돌을 던지고 주먹으로 막았는데 적의 예리한 칼에 오른손이 잘렸다.

그러나 조금도 굴하지 않고 더 큰소리로 왜적을 꾸짖으며 부친을 가로막다가 왜적의 칼에 오른쪽 어깨가 잘리고 동시에 부친도 칼에 맞아 부자가 함께 운명하니, 그해 8월이었다.

왜적이 지나간 후 숲속에 숨어 이 광경을 목격한 사람들이 기별하여 아들 철록(哲祿)이 두 시신을 운구해다 장사지냈다.

난이 가라앉은 후 조정에서 정려가 명해졌다.

송세정(宋世貞)

1470년(성종 1)~1528(중종 23). 웅(雄)의 아들이다.

5세 때 새끼 까마귀가 어미 까마귀에게 먹이를 먹이는 것을 보고 "까마귀도 보답을 할 줄 아는데 어찌 사람으로서 저와 같지 않으랴"하니 사람들이 효동이라고 칭하였다.

어머니가 종기로 욕을 보게 되자 고름을 빨아서 낫게 했고, 아버지가 병이 들어 게를 먹고 싶어 하는데 때가 한겨울이라 얼음을 깨고 게를 잡으려 했으나 구하지 못하자, 자신의 정성이 모자라서 얻지

송씨효열록(宋氏孝烈錄)

못했다고 자책하고 있는데, 황새가 게 두 마리를 물고 와서 뜰에 떨어뜨리므로 이를 얻어 아버지의 병을 낫게 했다.

고을 사람들이 얼음 속에서 잉어를 얻은 왕상(王祥)의 효성에 비견 할만하다 하고, 그로부터 공이 사는 마을 이름을 효자동(孝子洞)이라고 했다.

1496년에 진사(進士)에 급제했다.

송 문(宋 文)

1524년(중종 19)~1551(명종 6). 태어나면서 효성이 지극하여 3세 때 부친상을 당하여 치상 범절이 어른과 같았으며, 복상이 끝난 뒤에도 매일 추위와 더위를 무릅쓰고 성묘하였다.

모친 병환에는 대변 맛을 보아 병세를 헤아려가며 시탕하였고, 하늘에 기도하여 자기 몸을 대신해달라고 하였다.

이같은 지성으로 모친은 며칠간 소생했다가 끝내 운명하자 3년 시묘에 죽으로 연명해가며 머리도 빗지 않고 옷도 갈아입지 않았으며, 한 번도 집에 돌아온 일이 없었다.

시묘가 끝나자 부친 산소를 옮겨 모친과 합장하고 그 산소 밑에 살며 1년간을 상중과 같이 슬퍼하며 제사 드렸고, 그 후로 흰 옷과 흰 띠로 죽는 날까지 생활하였다.

1555년(명종 10)이 이 사실이 조정에 알려져 정려가 내렸고, 그 후 퇴락하여 1830년(순조 30) 후손들이 중건하였다.

송효길(宋孝吉)

1573년(선조 6)~?. 주부(主簿) 영(瑛)의 아들이다.

천성이 어질고 효성이 지극하여 손수 논밭을 갈아 농사를 지으면서 부모의 뜻을 잘 받들어 조석으로 살피는 등 한시도 소홀히 하지 않았고, 시간이 나는 대로 틈틈이 글 공부에 힘써 학문도 닦아 자기 수양에 힘썼다.

가세가 넉넉지 못하였으나 마음을 변하지 않고 꾸준히 효성을 다하여 세상 사람들이 그를 가리켜 어진 효자라고 하여 칭송이 자자하더니, 여러 차례 천거하여 첨지중추부사(僉知中樞府事)가 내려졌고, 고흥군 대서면 내남리(高興郡大西面內南理)에 효행비가 세워졌다.

송장길(宋長吉)

1575년(선조 8)~ ?. 판관(判官) 구(球)의 아들이다.

천성이 온화 인자하고 재질이 뛰어났으며 풍채가 준수하였다.

공은 타고난 효성으로 어려운 살림 중에도 아침저녁으로 문안을 드리며 정성껏 부모를 봉양하며, 그 뜻을 잘 받들어 모셔 지체를 편안하게 해드렸다.

또한 근검절약으로 치산에도 힘써서 가산을 일으키고, 형제간이나 종족간의 우애와 화목은 물론 손님 대접 등에도 소홀히 하지 않았다.

부모님의 병환 때에는 밤낮을 가리지 않고 온갖 정성을 기울여 잘 구완하였으며, 경향 각지를 출입하면서 처신과 언행을 절제와 법도 있게 하였으므로 모든 사람들이 그를 우러러 감복하였다.

절충장군(折衝將軍) 용양위부호군(龍驤衛副護軍)을 지냈고, 뒤에 형조참판(刑曹參判)에 증직되었다.

송정남(宋廷男)

1576년(선조 9)~1664(현종 5), 임란 충신(壬亂忠臣) 빈(賓)의 아들이다.

17세 때에 노모가 계시다 하여 아버지 빈(賓)과 형 정백(廷伯)이 싸움터에 나오지 못하게 하니, 모친을 모시고 유리전전하다가 1574년에 모친이 병으로 돌아가니 심히 슬퍼하여 거의 실성할 지경에 이르렀고, 난리중임에도 예에 어긋나지 않게 거상에 극진하였다.

난리가 안정되자 형 정백(廷伯)과 고향으로 돌아와 치가하며 벼슬할 뜻을 버리고 정학(正學)에 힘쓰며, 불에 타버린 신산서원(新山書院)을 증수하고 은행나무를 심어 강습하는 곳으로 삼았다.

수직(壽職)으로 첨지중추부사(僉知中樞府事)를 지냈다.

송시승(宋時昇)

1583년(선조 16)~1638년(인조 16), 현령(縣令) 철록(哲祿)의 아들이다.

천성이 효순하고 재덕이 겸비하였으며 일찍이 사계(沙溪) 김장생(金長生)의 문하에서 성리학(性理學)과 오륜(五倫)의 진리를 깨달았다.

공은 부모의 말씀을 어기지 않고 마음을 즐겁게 하기 위해 자기 몸을 돌보지 않았으니, 부친이 병환에 약을 쓸 사이도 없이 위급하자 서슴없이 자신의 손가락을 잘라 주혈하기를 여러 번하여 연명시켰지만 끝내 별세하고 말았다.

빈소(殯所)를 삼년간 지키는데 한더위에는 습지요, 한겨울에는 얼음판에서 기거하니 손발이 터지고 찢어져 종기가 되었는데도 참고 견디었다.

이어 모친이 십년간 병환으로 신음할 때 약을 구하러 깊은 산속, 물가, 들판을 헤매기에 지쳐서 쓰러지기가 일쑤였으며, 침식을 잊고 온갖 정성을 다해 구완했으나 보람없이 별세하니, 애통해 하며 상장을 치르고는 피로가 겹쳐 그만 병이 되는 지경에 이르렀다.

공은 "내가 어머님 시신을 묻고 지키지 못하니 어찌 사람의 도리겠는가"고 한탄했으며, 얼마 후 병이 차도가 있자 십리쯤 떨어진 부친 묘소를 삭망으로 성묘하며 종일 통곡하다가 저물어 집에 돌아오는데도 눈물이 뒤범벅이 되고, 나중에는 눈물이 말라 두 눈이 멀어 버렸다.

이 효행이 조정에 알려져 1640년(인조 18)에 사헌부 지평(司憲府持平)에 증직되고, 회덕에 송씨삼세정려가 세워졌다.

송정기(宋廷耆)

1623년(인조 1)~1684년(숙종 10). 태수(台壽)의 아들이다.

한 가문에 세 효자가 탄생되었으니, 공을 비롯하여 동생 정구(廷耉)와 정모(廷模)가 이들이며, '호남 3효자(湖南三孝子)'라 칭송되었다.

공은 부모가 병들어 자리에 눕게 되자 정성껏 시탕하면서 극진히 돌보았으나 효험을 보지 못하여 병세가 날로 악화되니, 대변을 맛보아 증상을 헤아리고 새벽마다 하늘을 우러러 천지신명에게 부모의 병고를 대신 당하게 해달라고 간구하였다.

부모가 세상을 떠나자 선산에 유해를 안장한 다음 산소 옆에 여막을 짓고 전후 6년 동안 기거하면서 부모의 명복을 비니, 밤마다 호랑이가 나타나 여막을 지켜 주었다.

산소 일대에 동생들과 함께 소나무를 심느라고 손가락 가죽이 벗겨질 정도였는데, 지금도 그 소나무가 몇 리에 걸쳐 청청하므로 사람들이 "효송(孝松)"이라 불러 지명(地名)이 되었다.

공은 국기(國忌)와 자신의 생일에는 주육(酒肉)을 먹지 않았으며,

송씨효열록(宋氏孝烈錄)

자식을 가르침에 <소학(小學)>을 근본으로 삼았다.

정구(廷耉)는 효경을 숭상하여 이를 그대로 실천하였다.

부친이 오랫동안 병석에 누워 신음하면서 구미를 잃어 걱정하던 어느 날 메추라기 고기를 원하나 이를 구할 수 없자, 하늘을 우러러 메추라기를 얻게 해 달라고 신령님께 간구하였다.

모친의 병세가 위독하자 대변을 맛보아 증상을 헤아렸고, 사경에 이르자 손가락을 잘라 주혈하니 3일간 연명했으나 끝내 세상을 떠나니, 예절에 따라 장례를 마친 다음 형과 함께 산소 옆에 여막에 기거하면서 모친의 명복을 빌었다.

당시 송충이 만연하여 부모의 산소에까지 범하자 글을 지어 하느님께 제를 지내고 삼형제가 각각 한 마리씩 씹으니 송충이가 침범하지 못했다.

최근 전 송충이가 심했을 때도 그 소나무에는 새떼가 모여들어 송충이를 없애 주었다고 전한다.

정모(廷模)도 효성이 지극하고 효경을 숭상하여 실천에 옮겼다. 하루는 출타중에 갑자기 손가락이 아파서 급히 귀가하니 모친이 병환이라 단을 설치하여 자기를 대신해 달라고 빌었으며, 대변의 맛을 보아서 병의 증세를 헤아렸고, 위중해지자 단지 주혈까지 했으나 끝내 상을 당하자 두 형들과 함께 3년 동안 여막에서 기거하였다.

또한 공은 우국지심이 강하여 우암 송시열이 덕원에서 귀양살이를 할 때 유생들을 이끌고 궐문에서 상소하다가 견책을 받았으나 의연하였다.

이들 삼형제가 산소 부근 일대 수만 평에 소나무를 심느라 손가락이 부르터서 차마 눈으로 볼 수 없었으며, 소나무가 하늘을 덮으니 세인들이 '효자정(孝子亭)'이라 불러 지금까지 지명으로 불리고 있다.

맏형 정기(廷耆)는 1797년(정조 21)에 명정되어 오진수(吳晉秀)가

정려기(旌閭記)를 찬했으며, 둘째 정구(廷耉)는 1832년(순조 32)에 동몽교관에 증직되었으며 정려가 명해졌다.

막내 정모(廷模)도 1848년(헌종 14) 동몽교관에 증직되었으며 정려가 명해졌다.

송유관(宋有觀)

1627년(인조 5)~1663년(현종 4). 시승(時昇)의 아들이다.

천성이 인후 공겸하고 어릴 때부터 학문에 전념하여 10여 세에 이미 문리를 통했다.

12세 때 부친이 별세하니 어린 나이에 상장 제절을 유감없이 치르면서 아무것도 먹지 않으므로 주위 사람들이 딱하게 여겨 음식을 권했으나 울며 말하기를, "슬픔을 진정할 수 없어 음식이 도무지 목에 넘어가지 않는다"고 하였다.

모친 박씨(朴氏)는 아들이 애처러워 미음을 쑤어 자주 권하여 장례 후에는 조금씩 먹기 시작했으나 항상 여막에 엎드려 애통해하는 정상은 차마 눈뜨고 볼 수 없었다.

결혼한 후에는 부인 순흥안씨(順興安氏)에게 "나는 일찍 아버지를 여의고 홀어머니를 위로하기에 글 읽을 짬이 없었는데, 그대가 효성스러우니 하늘의 도우심인 줄 아오. 그대가 있어 홀어머니를 극진히 받들 터인즉, 나는 이제 안심하고 학문에 힘써 조상의 유업을 지킬 수 있게 되었소."하고는 송준길(宋浚吉), 송시열(宋時烈) 두 선생 문하에서 학문에 열중하였고, 틈틈이 어머니 앞에서 우스운 이야기로 즐겁게 해 드렸으며, 병환 중에는 온갖 정성을 다하여 구완하고 두 손가락을 잘라 주혈까지 했다.

상을 당하여는 애통해 함이 지나쳐 보는 사람도 따라 울게 했다.

송씨효열록(宋氏孝烈錄)

시묘하는데 습지에서 거처하므로 사람들이 온돌을 만들어 습기를 제하고 겨울에는 따습게 해 주었으나 통곡할 뿐 "내 아버지께서 빈소를 지키실 때 습지에 계셨는데…."하며 습기찬 그곳에서 눈물이 마를 사이가 없더니, 그의 부친처럼 눈이 멀게 되고 미처 복상이 끝나기 전에 세상을 뜨고 말았다.

조정에서 이를 듣고 효행으로써 의금부 도사(義禁府都事)에 특증되고 정려가 명해져 그의 증조 경창(慶昌), 부친 시승(時昇)과 함께 회덕현 송촌에 송씨삼세정려(宋氏三世旌閭)가 세워졌는데 뒤에 공주에 이건되어 현재에 이르고 있다.

송석윤(宋錫胤)

1647년(인조 25)~?. 서정(西亭) 운(蕓)의 아들이다.

천성이 영특하고 재주가 있었으며 용모도 빼어나 늠름하였다.

효성이 지극해서 부모를 정성껏 모셨으며, 글공부를 열심히 해서 문장이 뛰어났으나 부모의 뜻에 따라 벼슬길에 나가지 않고 산야에 묻혀 학문연구에 힘쓰는 한편, 농사를 짓고 누에를 치면서 살아갔다.

부모의 마음을 편안하게 모시기 위해 조석 문안을 잊지 않았으며, 바깥출입을 할 때는 반드시 사유를 아뢰어 걱정을 끼치지 않았다.

부모가 몸이 아프면 온갖 정성을 다해서 시탕과 간호에 힘썼으며, 상을 당해서는 슬픔을 다해 예절대로 초상제례를 치르고 3년 동안 여막에서 복상하면서 조석으로 배곡하기를 풍우를 가리지 않았다.

공의 지극한 효행을 후세에 전하기 위해 향리에 효행비가 세워졌다.

송씨효열록(宋氏孝烈錄)

송 윤(宋 潤)

1670년(현종 11)~?. 석재(錫載)의 아들이다.

천품이 온화하고 외모가 단정하였으며, 마음가짐이 정직하고 세밀하였다.

어려서부터 효심이 지극하여 모든 일을 부모의 뜻에 따라 행하고 순종하였으며, 즐기는 별미를 언제나 마련하여 드리는 등 정성껏 봉양하였다.

부모가 몸이 불편하면 곁을 떠나지 않고 백방으로 의약을 구하여 치료에 힘썼으며, 부모상을 당해서는 너무도 애통해 하여 보는 이의 눈시울을 뜨겁게 하였다.

예절에 따라 장례를 치른 다음 6년 거상에 조석 상식과 삭망 제전을 정성껏 하며, 성묘를 하루도 빠뜨리는 일이 없었다.

향당에 출입하여 청금안(靑襟案)이라는 계를 조직하여 나쁜 풍습을 버리자는 대의명분을 내세워 상호 친목을 도모하니 사람들이 존경하지 않는 사람이 없었다.

송도동(宋道東)

1673년(현종 14)~1734년(영조 10). 효자 융(融)의 아들이다.

어려서부터 자식된 도리를 다하더니 친상을 당해서는 지나치게 슬퍼하였고, 제사에는 공경하는 마음을 다하여 제수를 손수 점검하고 비복까지도 새 옷을 입게 하였으며, 추운 겨울에도 도사리고 앉아 때가 되면 행사하되 엎드려 살아 계실 때와 같이 섬기었다.

공이 아홉 살 때 친상을 당하여 장례지내는 날 바람이 세차고 눈이 펑펑 쏟아져서 역군들이 부지하지 못하자 사람들이 행사를 연기하자고 하였다.

어린 공이 울며 하늘에 빌기를 "하루만 날이 맑게 하여 주시오."

송씨효열록(宋氏孝烈錄)

하니 풍설이 곧 멈추었다 한다.

장례를 마치고 늦게 돌아오니 범이 뒤를 따랐으며, 3년 시묘에 죽으로 일관하니 보는 자마다 그 효성을 칭송하였다.

송 현(宋 鉉)

1720년(숙종 46)~1777년(정조 1). 도일(道一)의 아들이다.

일찍이 부모를 여의었는데, 나이가 어려 부모에게 효도를 못하고 돌아가신 후에도 정과 예를 다하지 못하였다 하여 죄인으로 자처하고 계모 최씨(崔氏)에게 효성을 다하면서 의를 지키며 살았다.

가세가 어려워 고생하면서도 계모를 성심껏 봉양했으며 그 뜻을 조금도 거스르는 일이 없었다.

조석 문안을 추우나 더우나 한 때도 게을리 하지 않았으며, 계모의 상을 당해서는 지극히 슬퍼하는 중에도 치상과 제례를 예로써 극진히 하고 3년 거상을 하루 같이 정성을 다하니, 그 고을에서 "자식된 도리를 다한 것은 송현(宋鉉)이다"라고 하였다.

또한 학문을 닦아 경서(經書)와 성리학(性理學) 등을 두루 연구했고, 글씨도 잘 써서 필첩(筆帖)이 전해지고 있다.

송인상(宋麟祥)

1727년(영조 3)~1791년(정조 15). 진사(進士) 덕창(德昌)의 아들이다.

어려서부터 효성이 지극하였다.

10세 때 집안이 가난하여 부친께 맛있는 찬을 마련해 드리지 못함을 안타까이 여기고 푼푼이 모은 돈으로 어부들을 찾아가 생선을 사다가 조석으로 공양하였다.

송씨효열록(宋氏孝烈錄)

3세 때 황성(潢城)의 9촌 친숙에게 양자로 들어가서는 양부모 봉양에 지성을 다하였다.

18세에 수원 갈담(水原葛潭)으로 이사해서는 사냥과 고기잡이로 부모를 공양하는데, 사냥하는 개가 주인 없이도 혼자 나가서 메추리를 잡아오는 일이 여러 차례 있었다.

그 후 부친이 앓다가 돌아가시니 예를 다하여 거상하였고, 상을 마친 후 집에서 기르던 가축이 스스로 죽으니 고이 땅에 묻어 주었다.

28세 때 모친 병환이 위중하여 간호할 때는 밤에도 옷을 벗지 않고 지성을 다하였으며 대변 맛을 보아 병세를 헤아렸고, 더욱 위독해지자 손가락을 베어 주혈하여 효험을 보았다.

굴력조(屈力鳥) 구이가 좋다는 의원 말을 들었으나 굴력조가 보기 드물고 날쌘 새라 잡기가 어려웠는데, 왕상동에서 구할 수 있다는 말을 듣고 찾아가서 하늘에 기도하며 종일 울부짖으니, 황혼에 굴력조 한 쌍이 공중으로부터 떨어져 얻었다고 한다.

그 후 부친상을 당해서는 3년을 여막에서 시묘하였다.

송 의(宋 檥)

1757년(영조 33)~?. 도민(道敏)의 아들이다.

어려서부터 글공부에 힘을 썼으며, 효성이 지극하여 조석으로 부모에게 문안드리고, 부모가 원하는 것은 아무리 어려워도 기어이 이루어 드리며, 거취를 분명히 하였다.

또한 부모의 명을 거스르는 일이 없었으며, 종친 간에 화목하고 형제간에 덕을 베푸니 그의 사람됨을 다투어 칭찬하였다.

아버지가 병석에 눕게 되자 명의와 영약을 구해다 구완에 최선을

송씨효열록(宋氏孝烈錄)

다했으며, 옆을 떠나지 않고 수심어린 얼굴로 시종여일하게 간호하였다.

그러나 끝내 상을 당하자 뼈만 남은 채 애통망극해 하였으며, 3년 거상에 비가 오나 눈이 내리나 하루도 거르는 날이 없이 성묘하여 호곡했다.

그 후 평생을 부귀영달을 멀리하고 풍류로 세월을 보내며 고요히 선영 봉사에 주력하니 향리에서 그의 행적을 높이 찬양하였다.

뒤에 통정대부 사복시정에 증직되고, 향리에 효행비가 세워졌다.

송진하(宋鎭厦)

1785년(정조 9)~1858년(철종 9), 명덕(明德)의 아들이다.

학문이 고명하고 천성이 독실하며 효성을 다하여 양친을 섬기었다.

부친의 상을 당하여 애절해 함이 실성할 정도였고, 모친이 병들자 변을 맛보아 증세를 헤아리고 하늘에 빌어 대신 갈 것을 원하였으며, 임종해서는 손가락을 잘라 피를 흘려 입에 넣어 6일 동안을 회생하게 되었으나 끝내 쾌차하지 못하니 다시 손가락을 잘라 피를 흘려 넣어 10일을 더 연명시켰다.

끝내 천명으로 돌아가시자 시묘 3년 후에는 조용히 방안에 들어앉아 성리학(性理學)에 잠심하였다.

의관을 바로하고 정좌하였을 때는 엄연히 산악과 같았으나 사람을 상대하게 되면 화기가 애애하였다.

산수(山水)를 사랑하여 기절(奇絶)한 곳을 만나면 돌아오는 것을 잊어버려 초연히 세속을 떠날 생각이 있는 듯하였다.

송씨효열록(宋氏孝烈錄)

송진록(宋鎭祿)

1790년(정조 14)~1864년(고종 1). 내염(來濂)의 아들이다.

3세 때에 그의 아버지가 객지로 나가서 해가 지나도 돌아오지 않았으며, 13세 때에 어머니가 병들어 식음을 전폐한 지 오래되자 온갖 정성을 들여 시탕과 간호에 힘썼다.

어머니가 생선을 먹고싶어 하니 곧바로 바닷가에 나가서 고기를 구하던 차에 숭어 한 마리가 물 밖으로 뛰어 나왔으므로 잡아다 국을 끓이고 회를 쳐서 어머니에게 공궤하여 병을 낫게 하였다.

아버지가 20년 만에 돌아왔으나 이미 60여 세의 노령이었다.

공은 늦게나마 아버지를 모시게 됨을 기쁘게 생각하고 정성들여 공양하였으며, 부모의 상을 당해서는 전후 6년을 지극한 정성으로 상장을 마치고 소의 소식으로 살더니, 어쩌다가 비린내 나는 국을 한 수저만 먹어도 온몸에 두드러기가 생겼다 하였으니 고기를 먹지 않음을 짐작할 만하다.

산소가 먼 곳에 있었으나 매일 아침에 성묘 가서 밤늦게 돌아오므로 가족들이 "춥고 배고프지 않느냐"고 묻자, 그는 "부모님의 품에 안겼다 오는데 무엇이 춥고 배고플 것이 있겠느냐"고 하였다.

늙도록 성묘를 거르지 않았으며, 묘정에서 살다시피 하여 베고 자던 돌이 있었는데 나무꾼들이 송효자(宋孝子)의 돌베개라고 하였다.

송양신(宋陽臣)

1790년(정조 14)~1851년(철종 2), 사복시정 지(楮)의 아들이다.

근면 성실하고 효성과 우애심이 남달랐고, 부모를 봉양하기를 모든 면에서 지극하였다.

송씨효열록(宋氏孝烈錄)

몸소 바다에 나가서 고기를 잡고 산에 올라 땔감을 마련해 근검절약으로 치산하는 한편 조석 문안을 한 번도 거르지 않았다.

부모가 병환으로 누우시니 한시도 곁을 떠나지 않고 좋은 약을 구해서 구완했고, 상을 당해서는 지극히 애통하면서 초상과 장례를 치르고, 3년 거상하는 동안 비바람을 무릅쓰고 하루와 같이 매일 성묘를 거르지 않으니 근방에서 모두 효자라고 칭송하였다.

송 억(宋 檍)

1797년(정조 21)~?. 호조참판 도승(道昇)의 아들이다.

타고난 풍채가 걸출하였으며, 효성이 지극하고 우애심이 돈독하였다.

모든 행동거지가 분명하고 예의에 밝아서 뭇사람의 모범이 되었으니, 원근에서 모두 본받고자 하였고 칭송이 자자하였다.

형제간에 우애하여 한방 한 이불 속에서 지내면서도 한 번 다툰 적이 없었다.

또한 효심이 지극해서 무엇을 얻으면 먼저 입에 대는 법이 없이 반드시 부모에게 먼저 올렸다.

아버지가 병으로 자리에 누워 온갖 정성을 다해 시탕과 간호에 전력하던 어느 날, 의원을 만나고 날이 저물게 돌아오는데 호랑이가 나타나 앞길을 가로막자 공이 "나는 지금 아버지의 약을 구해 오는 길인데 대체 무슨 까닭으로 나의 길을 막느냐?"고 하니 호랑이가 그대로 조용히 사라졌다고 한다.

공이 깊은 산에 들어가 산신령님께 지성껏 기도를 드려서 영초(靈草)를 얻어서 부친의 병환에 큰 효험을 보았다.

이러한 효행이 야사(野史)에 실리고 사람의 입에 올라 오늘날까지

송씨효열록(宋氏孝烈錄)

전해지고 있다.

송양섭(宋陽攝)

1799년(정조 23)~1836년(철종 2). 사복시정 지(楮)의 아들이다. 천성이 순수하고 용모도 늠름하였고, 효성과 우애심도 두터웠다.

지극한 효성으로 부모를 모시니, 온갖 정성을 다해서 백 가지를 모두 소홀히 하거나 거스르는 일이 없었다.

병중에 있을 때는 훌륭한 의원을 맞이하고 양약을 구해서 시탕과 간호에 전심전력을 다했고, 세상을 뜨자 지극한 애통으로 예절에 따라 초상과 장례를 모두 치른 다음 3년 거상도 예에 결함이 없이 마쳤다.

그는 또 우애심이 두터워서 4형제간에 서로 사이좋게 자라면서 틈 없이 즐겁게 살아갔다.

그리하여 고을에서 효행비를 세워 찬양하였다.

송기문(宋起文)

1802년(순조 2)에 태어 13세에 부친을 여의고 어린 나이에 슬픔에 잠겼는데, 다시 3년 만에 모친이 죽으니 그의 슬픔은 하늘을 찌르는 듯 했다.

부친에 이어 모친마저 잃게 되자 "비록 부모는 돌아가셨어도 정성껏 모셔야 한다"고 다짐하고 부모를 위하여 통산 6년간 시묘(侍墓)를 하며 자기를 낳아준 부모의 은덕을 갚기 위해 할 수 있는 온갖 노력을 다 하였다.

어린 나이임에도 불구하고 죽은 부모를 섬기는 정성이 남달라 그의 효성이 온 마을과 전국 각지에 소문이 퍼져 마침내 조정에까지 알려지게 되었고 나라에서는 1842년(헌종 8) 이 고을에 효자 정려를 세우고 그의 효심을 길이 빛나게 하였다.

송명서(宋明瑞)

1802년(순조 2)~1874년(고종 11). 형익(衡益)의 아들이다.

효성이 지극하여 맛있는 음식을 항상 끊이지 않고 공양했으며, 철 따라 생기는 식물(食物)을 먼저 입에 넣지 않았다.

모친이 병들어 자리에 눕자 백방으로 간호하며 머리를 빗기고 이를 잡고 음식을 바치는 것까지도 손수 시중들기를 3년 동안 한결같이 해냈으며, 마침내는 단지까지 하여 5일 동안 생명을 영장시켰다.

상을 당해서는 거상 중에 죽으로 연명하여 뼈만 남게 되었다.

부친의 상을 당해서는 시묘 3년에 무릎 꿇었던 곳이 우묵하게 패였다.

형제간에도 우애가 두텁고 배고픈 사람을 먹여 주고 가난한 친척의 혼인과 장례에도 힘껏 도와주는가 하면 아랫사람 대하기를 먼저 은혜로 하고 나중에 위엄으로 하였다.

송양헌(宋陽憲)

1820년(순조 20)~1882년(고종 19), 억(檍)의 아들이다.

어려서부터 성격이 온후하고 효성이 지극하였다.

아침저녁으로 문안 인사를 거르는 일이 없었으며, 항시 거취를 분명히 하여 부모의 마음을 편안하게 하였다.

밖에 나가서 진미를 얻으면 먼저 먹지 않고 반드시 품에 품어 가지고 돌아와서 부모에게 드렸다.

또한 형제간의 우애가 두터워서 분가할 적에는 자기 몫을 형제들에게 양보하였다.

부지런히 농사일을 하여 치산에 힘썼으며, 흉년이 들면 솔선하여 난민을 구제하였고, 평소에 손님 접대를 후하게 하여 마을에서 칭찬이 자자하였다.

부모의 상을 당해서는 도에 넘치게 애통망극해 하여 몸이 야윌 정도였고 상장 범절을 유감없이 하였으며, 3년 거상에 시묘를 하루도 폐하는 일이 없었다.

향리에서 그의 효성과 사람됨을 찬양하고 천거하였다.

공의 사적이 야사(野史)에 실려 있다.

송재련(宋載練)

1820년(순조 20)~1906년(고종 10). 준호(準浩)의 아들이다.

천성이 순후하고 효성이 지극해서 어려서부터 부모의 곁을 잠시도 떠나는 일이 없었다.

15세 때 아버지가 우연히 병을 얻어 약을 써도 듣지 않고 9년 동안 자리에 누워 있었으므로 가세가 몰락되어 제대로 약을 쓰지 못함을 민망이 여겨 눈물로 옷깃을 적셨다.

어린 나이에 10리 밖에 가서 품을 팔아 아버지를 봉양했는데, 주인집에서 밥을 주면 주인 모르게 절반을 남겨서 저녁때 가지고 돌아와 부모에게 드렸다.

이에 감동한 주인이 쌀을 주어 봉친하도록 하였다.

하루는 병중에 계시는 아버지가 꿩고기를 잡숫고자 하므로 사방을 헤매어도 구하지 못하고 있었는데, 뜻밖에 솔개가 꿩을 그의 발 앞에 떨어뜨리므로 잡아다 고아 드려 병을 여의게 했다.

얼마 후에 아버지가 다시 병에 걸려 위독하자 단을 쌓아 기도드리고 변을 맛보아 증세를 헤아리며 지성으로 치료했으나 천명을 어기지 못하고 세상을 뜨자 애통함이 예에 넘쳤고, 초종을 엄수한 후 3년 동안 하루도 거르지 않고 성분(省墳)했다.

모친상을 당해서는 더욱 애통해 하며 동생 재구(載九)에게 말하기를 "아버지가 병석에 계실 때 어머니가 고난을 겪으면서 살을 베어 아버지에게 드린 것을 생각하면 우리의 뼈를 갈아서 보답해도 모자랄 일인데, 우리의 힘이 미약해서 세상에 드러내지 못한 것이 한이다." 라고 하였다.

상기를 마치고 부지런히 일하고 품팔아 근근히 모은 돈으로 제위토와 제기를 마련하고 제삿날이면 자손들에게 "위토를 대대로 전하면서 어머니의 아리따운 덕의를 잊지 않도록 하라."고 하였다.

사람들이 이 밭을 효자전이라고 일컫고, 향도의 유림이 포양했으며, 효자비를 세웠다.

송택훈(宋宅薰)

1827년(순조 27)~1897년(광무 1). 식언(植彦)의 아들이다.

천품이 총명 민첩하고 기우가 헌앙하며 어릴 때부터 어른스러우니, 향리 어른들이 장래 큰 인물이 되리라고 하였다.

10세 때 국원재(菊原齋) 선생 문하에 들어가 학문을 닦는데 서당이 집에서 오리쯤 떨어져 있는데도 눈비를 무릅쓰고 조석으로 왕래하였으며, 동료 중 가장 연소했는데도 항시 성적이 제일이었다.

1856년(철종 7)년 문과(文科)에 급제하여 경양 찰방(景陽察訪), 성균관 전적(成均館典籍), 예조정랑(禮曹正郎), 병조좌랑(兵曹佐郎) 등을 거쳐 1866년(고종 3) 사헌부 장령(司憲府掌令)에 올랐다.

1868년 모친상을 당했으며, 1871년 교서관 판교(校書館判校)를 지내다 이듬해 부친상을 당하니 천리 길을 달려가 지나치게 애통해 하고 삼년 거상을 극진히 치렀다.

복상을 마치고도 양친을 여읜 죄인으로 자처하고 집에 있다가 1877년에야 사헌부 지평(司憲府持平)으로 나갔고 그 후 병조 참의(兵曹參議)에 이르렀다.

그는 권세에 아첨하거나 굴하는 일이 없었고, 고향에 돌아오면 겸손과 공경심을 잃는 법이 없었다.

관직에 있을 때는 매사를 성실과 신의로 처결하고 전고(典故)에 밝아 하나의 차질도 없었다.

만년에 향리에 은거하면서도 인륜에 두터워 옛친구와 담론함에 악함은 숨기고 선함을 현양했으며, 연소자를 대함에 학문을 권하고 효제(孝悌)에 힘쓰라 타일렀다.

송양호(宋襄浩)

1828년(순조 28)~1936년. 태록(泰祿)의 아들이다.

천품이 순박하고 전실하며 효성이 지극하였다.

나이 겨우 14에 아버지 상을 당하였는데, 발을 구르며 몸이 야위도록 슬퍼하는 모습이 보는 사람으로 하여금 눈물겹게 하였다.

자라면서 아버지 봉양을 못하게 되었음을 통탄하여 제삿날을 당하면 생존 시에 즐기시던 제찬을 장만하여 구슬피 울었으며, 편모를 공대하기를 게을리 아니하며 근검절약으로 치산에 힘쓰면서 지례(志禮)를 편안하게 모셨다.

어머니가 간혹 불편한 빛이 있으면 곁을 떠나지 않고 근심으로 밤을 새우며 정성껏 시탕했고, 상을 당해서는 슬픔을 다해서 예제를 갖추어 장제를 치르고, 여막에서 3년 동안 거상했다.

형이 일찍 세상을 뜨니 형수를 친어머니처럼 섬기고 집안의 일을 모두 상의하여 평화롭게 지냈다.

조카를 자기 자식처럼 돌보아 선조의 유덕을 떨어뜨리지 않았고, 멀리 떨어져 사는 형의 집을 자주 찾아 살피면서 일을 도왔다.

문중의 여러 어른들이 공의 후손들에게 이르기를 "너희들은 웃대 할아버지의 심덕으로 반드시 큰 복을 받을 것이다."라고 하였다 한다.

송대식(宋大植)

1830년(순조 30)~1890년(고종 27), 지중추부사 윤성(潤成)의 아들이다.

천성이 온후하고 의표가 헌앙하며 명문에 태어나 어릴 때부터 효성이 지극하고 우애가 돈독했다.

자라면서 송래희(宋來熙)와 이단대(李丹臺) 문하에 출입하며 학문을 익혔다.

충의심 강하고 의분심이 충만했으며 학문도 깊고 식견이 높았으며 언행이 독실하여 향당의 추앙을 받았다.

효성 또한 지극하여 혼정신성(昏定晨省)과 출고반면(出告反面)을 성현의 가르침대로 어김없이 실행하였고, 동온하청(冬溫夏淸)과 감지지공(甘旨之供)을 극진히 하여 부모의 몸과 마음을 평안히 해 드렸다.

입신영달에 마음을 두지 않아 벼슬길에 들지 않고 향리에 묻혀 살며 오직 부모에게 효도를 다하고 웃어른을 공경하며 동기간에 우애하고 후진을 가르치며 살았다.

송문환(宋文煥)

1830년(순조 30)~?. 양보(陽輔)의 아들이다.

효성을 타고났으니 어려서부터 부모 봉양함이 극진하였다.

가세가 몰락하여 글공부를 포기하고 오로지 치산에 뜻을 두어 부지런히 일을 하였다.

형이 글공부에 열중하고 있으니 부모를 봉양함이 어려움을 깨닫고, 강에 나가 낚시질하고 산에 가서 나무를 하며 밭을 가꾸어 열심히 노력해 부모에게 별미와 철에 맞는 의복을 장만해 드리니 부모가 흡족해 하였다.

그 후 분가할 때에 상속을 형제들에게 양보하고 오직 자력으로 근검절약하여 치산에 주력하여 부모를 봉양하였다.

부모의 상을 당하자 뼈만 앙상하게 남은 채 애통호곡 하였으며 초종범례를 정중히 하고 선영 봉사에 성의를 바치니, 사림에서 찬양하고 천거하여 효행비(孝行碑)를 세웠다.

송양호(宋良浩)

1837년(헌종 3)~1913년. 진하(鎭厦)의 아들이다.

효성이 두터워 조석으로 문안드리며 나갈 때 고하고 돌아와서 고하며 부모의 뜻을 거스르는 일이 없었다.

부친이 60이 지나 병환이 잦으며 점점 위독하니 손가락을 씹어 피를 흘려 넣어 3일간 연명하였으나 끝내 돌아가니, 시묘 3년 동안 죽으로 연명하였으며, 묘소 옆에 조그만 집을 지어 종신토록 사모하는 곳을 만드니, 지방의 사림(士林)이 감탄하였다.

송규인(宋桂仁)

1839년(헌종 5)~1914. 치호(致浩)의 아들이다.

천성이 순수하고 고명하여 어려서부터 부모의 뜻을 잘 받들어 어기는 일이 없었다.

아버지가 춘추가 높았으므로 14년 동안이나 눈이 잘 보이지 않았고, 어머니는 풍증으로 17년 동안이나 지체가 부자유하니 항시 곁에서 사람이 부축해야 했다.

동생 규식(桂式)과 교대하며 부드럽게 시중들면서 즐겨하시는 음식 등을 힘써서 구해 드렸으므로 병중의 부모가 마음과 몸이 편안하였다.

천명으로 세상을 뜨자 지극히 슬퍼하며 정성껏 상장을 치르고 3년간을 불피풍우하고 하루도 거르지 않고 성묘하였다.

비록 나이 많고 몸이 불편하였어도 제삿날이 되면 반드시 정결한 마음과 옷차림으로 공경하여 모셨다.

송성환(宋成煥)

1839년(헌종 5)~1902년(고종 6), 양경(陽景)의 아들이다.

어려서부터 효성이 지극하여 부모를 봉양하되 언제나 마음을 편하고 기쁘게 해 드리려고 온갖 정성을 쏟았다.

모든 일에 부모의 뜻을 잘 받들어 한 가지도 어김이 없었으며, 취향과 구미에 맞지 않는 것이 없도록 극진하게 모셨다.

부모가 병중에 있으면 밤낮을 가리지 않고 정성껏 간호했으며, 상을 당해서는 극히 애통해 하면서도 모든 예절을 갖추어 상장을 치르고 3년 거상에도 남의 본보기가 되도록 경건하게 마쳤다.

하루는 제삿날을 당해 제수를 갖추지 못하여 민망하게 생각하며 걱정을 하고 있는데 어디서인지 꿩 한 마리가 날아 들어와서 제수를 마련하였다고 하니, 공의 효성에 하늘이 감동한 것이라 하여 고을 사람들이 모두 감탄하였다.

송진길(宋鎭吉)

1839년(헌종 5)~1872년(고종 9), 명서(明瑞)의 아들이다.

어려서부터 효성이 지극하여 어른을 먼저하고 자신을 나중하며 항시 효경(孝經)과 가례(家禮)를 암송하였다.

부친이 고치기 어려운 병에 걸려 백약이 무효하자 단을 모아 칠성님께 축원하였더니 꿈에 백발노인이 나타나 말하기를, "설람산(雪嵐山) 어느 골짜기에 좋은 약초가 있다"고 가르쳐 주었다.

공이 그곳에 찾아가니 과연 꿈에 본 약풀이 있어 약초를 복용하고 쾌차하니 그 소문이 나라에까지 알려져 장릉 참봉(章參陵奉)의 벼슬이 내려졌다.

제사를 정성으로 받들며 손님대접과 아랫사람 다루기를 모두 도리에 맞도록 하며, 친상을 당하여 지나치게 슬퍼하다 눈이 멀었다. 계모를 지성으로 모시더니 자신의 병이 위중하자 "천명이 있습니다.

제가 죽더라도 슬퍼 마시고 길이 강녕을 누리소서"하고, 부인 신씨(申氏)에게 "어머니 모시기를 효로써 하고 제종질 철호(哲浩)로 대를 잇게 하오"하고 부탁하고 조용히 눈을 감았다.

1905년(광무 9) 동지돈녕부사(同知敦寧府事)에 증직되고 정려가 명해졌다.

송씨효열록(宋氏孝烈錄)

송열진(宋烈鎭)

1845년(헌종 11)~1924년. 재렴(在濂)의 아들이다.

아버지에게서 효제의 도리를 배워 효성이 지극하였고 언행이 유달리 정숙했다.

부모의 곁을 잠시도 떠나지 않고 부드러운 얼굴빛과 공손한 모습으로 받들었으며 뜻을 거스르지 않았다.

혼정신성(昏定晨省)과 유필유방(遊必有方)을 깍듯이 지켰으며, 부모의 영을 거역하는 일이 없었다.

노사(蘆沙) 기정진(奇正鎭) 문하에서 학업을 닦으면서 옛 성현의 글을 읽고 "사욕과 잡념을 억제하는 학문이다"라며 찬탄했다.

영달에 뜻이 없어 임천(林泉)에 자취를 감추고 티끌이 있는 세상을 벗어나서 어진 선비들과 함께 학문을 강론하고 시를 읊으며 여생을 즐겼다.

송병현(宋秉玹)

1854년(철종 5)~1905년(고종 9), 태수(泰洙)의 아들이다.

어려서부터 성품이 온후하고 재능이 비범하며 숭조애족(崇祖愛族)의 정신이 유달라 칭송을 받았다.

일찍이 학문에 힘써 문헌공(文獻工) 송근수(宋近洙)와 문충공(文忠公) 송병선(宋秉璿) 문하에서 수업하였는데, 서경(書經)과 의행(義行)이 뛰어남을 탄복하지 않는 사람이 없었으며, 효성이 지극하여 학덕과 효행으로 드러났다.

벼슬이 시종원 부경(侍從院副卿)에 이르렀지만 아버지가 병환에 계시자 사임하고 고향으로 돌아와서 지성으로 시탕했는데 천명으로

송씨효열록(宋氏孝烈錄)

세상을 뜨니, 슬픔을 이기지 못해 몇 차례 기절했다가 깨어나 상장의 예를 다하고 삼년동안 시묘하면서도 주육을 입에 대지 않았고 상복을 벗은 일이 없었다.

아버지를 오래 모시지 못한 정성을 어머니에게 쏟아 맛있고 즐기는 음식을 정결하게 차리게 하여 진짓상을 손수 올리고는 잡수시는 것을 지켜보았다.

어머니가 노쇠하여 여름이면 병환이 잦았으므로 주야를 가리지 않고 부채로 모기와 파리를 쫓아서 괴로움과 더위를 모르게 했다.

변기와 침그릇, 옷과 이부자리의 세탁이며, 약을 달이는 일은 언제나 남에게 맡기지를 않았다.

계주(戒酒), 계색(戒色), 목족(睦族), 인화(人和)를 가훈으로 삼아 자질(子姪)을 훈육하고 어머니 없는 조카들을 친자식같이 보육하며, 가난한 이웃의 혼인 장사는 힘껏 도와 때를 잃지 않게 하였다.

많은 책을 모아 서당(書堂)을 세우고 후진을 가르쳐 영재를 길러 냈으며, 찾아오는 손님은 즐겨하는 술과 음식으로 후히 대접하니 비범한 학덕과 절조 있는 선행을 칭송 않는 사람이 없었다.

불행하게도 갑자기 독감으로 누워 일어나지 못하고 임종할 때 눈물을 흘리면서 "불효자식은 불행히도 아버지를 일찍 여의어 어머니를 오래오래 모시는 게 소원이었는데, 자식의 도리를 못다 하고 먼저 가니 막심한 불효의 죄 죽은들 어찌 면하리오" 하고 52세를 일기로 세상을 떴다.

집안에 빈소를 마련하고 아직 발인하기도 전에 그의 어머니가 하세하였는데 이상하게도 빈소 안에서 어머니를 부르는 곡소리가 세 번이나 똑똑히 들렸다.

곁에 있던 사람들이 놀라며 "그가 부모를 못다 섬긴 한을 품고 간 탓에 하늘이 감동함인지 신명이 알았는지 빈소 속에서 곡소리가

송씨효열록(宋氏孝烈錄)

난 것은 예로부터 듣도 보도 못 한 일이다."라고 모두 감탄했다.

유림은 입을 모아 "옛날에 시신이 간한 일이 있었고, 오늘에 시신이 슬퍼하는 일이 있으니, 살아서 정성을 다함도 어려운 일인데 항차 빈소에서 곡소리가 들렸음은 천지신명께서 감동한 혼백의 소행으로 하늘이 내린 효자다."라고 칭송했다.

송철호(宋哲浩)

1845년(헌종 11)~1922년. 진길(鎭吉)의 아들이다.

충효를 가훈으로 이어 온 가문에서 태어나 어려서부터 성품이 온아하고 재기가 뛰어났다.

효성이 지극하여 효도를 모든 행동의 근본으로 삼았으며, 조석으로 기거를 살펴 문안드리는 예절과 뜻과 몸을 받들어 불편 없이 해 드리는 데 온갖 정성을 다하였다.

종친 간에 화목하였으며 평생을 선영 봉사를 위주로 하여 제수를 정결하고 후하게 마련하여 살아계신 조상을 섬기듯 엄숙하고 경건하게 치렀다.

또한 매년 정초에는 마을 동민들을 초청하여 술과 고기를 마련하여 후히 대접했으며, 어려운 사람들을 구제하여 물심양면으로 동정하였으니 원근에서 칭찬이 자자하였다.

마음과 몸가짐은 <소학(小學)>을 표준삼았고, 널리 어려운 일가친척들 돕기를 꺼리지 않았다.

일찍이 벼슬길에 올라 누차 승진되어 중추원 의관(中樞院議官)에 이르렀으며, 조정에서 그의 효행을 가상히 여겨 정려를 내렸다.

관직을 사임하고 돌아와 서정(西亭)에서 수양하며 시와 서예로

낙을 삼으니, 사림에서 추앙하고 마을에 효자비와 덕망비(德望碑)가 세워졌다.

송예규(宋禮圭)

1849년(헌종 15)~1890년(고종 4), 택환(宅煥)의 아들이다.

태어나면서 용모가 빼어나고 지조가 순실하며 5, 6세에 이미 어른의 뜻과 같았다.

형제간에 속이는 장난을 하지 않았고, 무리들과 놀 때는 모멸하거나 자만하는 태도가 없었고, 혹 욕되는 말을 들으면 얼굴을 붉히고 피했다.

부친이 천자문(千字文)을 가르칠 때 하루에 사오십 자를 암송하였고, '효당섭력(孝當竭力)'의 구절에 이르러 그가 뜻을 물으니, 부친이 "자식은 부모를 잘 섬기라는 말이다.

힘을 다해 부모를 봉양하라는 뜻이다."라고 하니, 그는 흔연히 "제가 반드시 그렇게 하오리다" 하고 대답했다고 한다.

여름철에 원두막에서 참외를 사면 먼저 먹지 않고 부모에게 드려 부모가 먼저 드신 다음에야 먹었고, 서당에 나가면서부터는 비바람을 무릅쓰고 하루도 빠지는 날이 없이 열심히 공부했다.

일찍이 소학(小學)의 가르침 그대로 행하였다.

가세가 빈한하여 부모 공양을 제대로 할 수 없게 되자 폭염을 무릅쓰고, 혹은 찬비를 맞으며 몸소 농사지어 공양했다.

동기간에 우애하고 부부간에 화합하여 집안이 화기애애하였고, 종족간에 화목하고 가난한 이웃을 두루 도우니, 향리의 무지한 사람들일지라도 그의 집을 보면 반드시 경건한 마음으로 그 집을 가리켜 '효자의 집'이라 하였다.

송씨효열록(宋氏孝烈錄)

그가 별세한 후 원근 사림이 천거하여 1892년(고종 29) 정려가 내렸다.

부인 연안차씨(延安車氏) 또한 정숙하고 행실이 단정하며 그를 도와 시부모에게 효성을 다했다.

송 억(宋 億)

1849년(헌종 15)~1871년(고종 8), 시일(時一)의 아들이다.

천성이 어질고 자애롭고 조용한 성품으로 어려서 글공부할 때부터 언어 동작이 뛰어났다.

가훈을 잘 익혀 집에서는 부모에게 효도하고 형제간에 우애하며, 밖에서는 웃어른을 공경하고 이웃 간에 화목하였다.

평생을 오로지 충효하는 마음으로 본분을 삼았으며 조부모와 부모의 중시하에서 조석문안과 의복, 음식, 거처를 보살펴 드리며 한 가지도 소홀히 한 것이 없었다.

아버지 병구완을 위해 의원에게 다녀오는 길에 성난 호랑이가 앞을 가로막고 으르렁거리자, 공은 말 위에 태연히 올라앉아 말하기를 "나는 아버지 약을 가지고 오는 길인데 어찌 네가 앞을 가로 막느냐?" 하고 꾸짖으니, 성난 호랑이는 감동한 듯 홀연히 자취를 감추었다고 한다.

이 사실을 전해들은 향리 사람들이 공의 효성의 소치라 하여 감복하였다.

송주문(宋柱玟)

1850년(철종 1)~1930년. 일호(一浩)의 아들이다.

총명하고 효순하며 7세에 부친이 병들어 숨을 모으자 얼굴을 가슴에 대고 비비면서 아버지를 부르며 애통하니, 숨이 지던 아버지가 눈을 스르 뜨고 공의 등과 손을 어루만지며 "네가 효자로다"하여

송씨효열록(宋氏孝烈錄)

그 다음부터 사람들이 모두 효동(孝童)이라고 불렀다.

상을 당해서는 묘 앞에 무릎을 꿇고 앉은 자리가 우묵하게 패였으며 눈물로 풀이 말랐다.

할머니 차씨(車氏)가 80나이에 앉고 누움에 사람의 도움이 필요하게 되자, 대소변 시중과 약과 음식 바치는 것을 손수 보살피되 10년을 하루같이 하였다.

하루는 팔영산(八影山)에서 약을 캐다가 곤하여 잠이 들었더니, 꿈에 노인이 나타나서 "무슨 나무 아래에 있다"고 가르쳐 주어 잠을 깨고 그 나무 아래로 달려가서 그 약을 캐다 달여 드렸더니 10년의 고질이 하루아침에 나았다.

사람들이 공의 효성이 신명(神明)을 감동케 한 소치라고 칭찬하였다.

송시한(宋時漢)

1853~1910, 길엽(吉燁)의 아들이다.

어려서부터 온후하고 총명하였으며 부모에 대한 효성이 남달리 각별하였고 문학에도 조예가 깊었다.

옛 성현의 가르침에 따라 부모에게 효도하고 형제간에 우애가 두터웠으며 일가 간에 화목하니, 공의 사람됨을 마을에서 모두 칭찬하였다.

평소에 부모의 곁을 떠나지 않고 시중을 들며, 겨울에는 따뜻하게 여름에는 시원하게 해 드렸으며, 좋아하는 음식을 끊이지 않고 마련해 드렸다.

하루는 중요한 일로 밖에서 자게 되었는데 꿈이 불길해서 급히 집으로 달려와 보니 아버지가 임종하는 게 아닌가. 공은 발을 구르고 몸부림쳐 통곡하였으며, 예에 따라 유해를 선산에 안장한 다음 3년 동안 여막에서 복을 마쳤다.

그 후 어머니상을 당해서도 아버지상 때와 똑같이 하니 향리에서 높이 찬양하였다

송주성(宋柱晟)

1855년(철종 6)~1928년. 식호(式浩)의 아들이다.

충효의 가문에 태어나 효성이 지극하였는데, 원래 집안이 가난하였으므로 짚신을 삼아 판돈으로 생계를 이어가면서 편모에게 온갖 정성을 다해 지체 구양에 힘썼다.

어머니가 병환으로 10여 년을 누워 있는 동안에는 손수 대소변의 제거와 오물청소 등을 도맡아 조금도 태만하지 않았으며, 끼니마다 식사를 떠 올렸고 온갖 정성을 다해서 시탕과 간호에 힘썼다.

상을 당해서는 지극히 슬퍼하는 중에도 전상 때와 같이 정성껏 장제를 치렀고, 사림(士林)의 천장이 있었다.

송훈섭(宋勳燮)

1857년(철종 8)~1928. 주현(柱賢)의 아들이다.

어려서부터 천성이 온건하고 행의가 단정하였으며, 재질이 과인하여 장래가 크게 기대되었다.

부모를 받들면서 소학(小學)에서 배운 그대로 섬기니, 사람들이 하늘이 내린 효자라고 칭송이 자자하였다.

자라나서 학업에 정진하여 문명이 높았으며, 몸을 닦고 집을 다스리는 데 충효를 근본으로 삼았다.

집에 있을 때는 부모의 곁을 떠나지 않았고, 조석 문안을 거르지 않았으며, 밖에 나갈 때는 고하고 돌아와서는 밖에서 겪었던 일을

송씨효열록(宋氏孝烈錄)

고하여 궁금증을 풀어 드렸다.

부모의 뜻을 거스르는 일이 없었고, 집안의 모든 일을 반드시 부모의 승낙이 떨어진 후에 처리했다.

부모가 즐겨하는 음식은 항시 떨어지지 않았고, 부모의 거소에는 언제나 군음식이 끊이지 않았다.

부모에게 효도하는 마음으로 이웃 노인들을 공경하여 간혹 초대해서 잔치를 베풀어 아버지와 즐거운 시간을 갖도록 하였다.

평생의 과업을 후진 양성에 역점을 두고 많은 준재를 배출하였고, 생업을 권장하여 향리에서 추앙을 받았다.

자제들을 올바르게 인도하였고 충효로써 훈계하니, 향당이 효행과 학행을 칭송하였다.

아들 기하(基河)가 또한 아버지의 효행과 학덕을 이어받아 부모에게 효성이 지극하였고, 청소년 선도에 힘을 기울여 칭찬을 받았다.

송동수(宋東洙)

1859년(철종 10)~1924년. 통정대부 흠재(欽載)의 아들이다.

10세에 모친상을 당하여 그 애통함이 어른과 다름이 없었으며, 아침저녁으로 정성껏 상식을 올리고 3년상을 치르는 동안 비가 오나 눈이 내리나 하루도 빠지지 않고 성묘하여 명복을 빌었다.

숙부 흠재(欽載)가 아들이 없어 그 양자로 들어간 후로는 날마다 조석으로 문안을 드리고, 겨울에는 춥지 않고 여름에는 덥지 않게 정성껏 모셨다.

57세에 친아버지의 상을 당하여 선산에 유해를 안장하고 3년상을 치르는 동안 하루도 빠짐없이 성묘하여 부덕을 추모하였으며, 61세에 양아버지의 상을 당하였을 때에도 마찬가지였다.

송씨효열록(宋氏孝烈錄)

유림이 그의 효성을 가상히 여겨 표창을 의논하고 있다는 말을 듣고 즉시 가서 자식이 부모를 극진히 섬기는 것은 당연란 일이라 하여 굳이 사양하니, 저마다 군자의 태도라 하여 오늘에 이르도록 전해지고 있다.

송성섭(宋成燮)

1862년(철종 13)~1936. 재련(載鍊)의 아들이다.

가세가 극빈해서 여덟 살 때부터 품을 팔아 모은 돈으로 토지를 사서 부모를 봉양케 하니, 맏형이 감탄하여 "자식의 도리로 부모를 편히 받들지 못하고 어린 너를 노동시키니 부끄럽기 그지 없다"고 하였다.

그는 꿇어 앉아 "부모의 양육을 받고 부모를 편히 모시지 못하니 이 토지로 부모 봉양에 다소의 보탬이 되게 하소서"하였다.

분가할 때 형이 나누어 준 토지를 받지 않고 "부모 봉양과 선영봉사에 어려움이 많으실 것이니 형이 가지시라"하고, 맨손으로 분가하여 부인 우씨(禹氏)와 함께 낮이면 밭 갈고 밤이면 길쌈하여 가세를 일으키고 간간히 별미를 마련해 부모를 공궤했다.

아버지가 병석에서 생선을 잡숫고자 하나 때가 엄동이라 구하기가 어려워 해변을 방황하던 중 까마귀가 앞을 오르내리므로 이상히 여기고 따라갔더니 돌 틈에 도미가 있어 잡아다 고아 드려 효험을 보았다.

부모상을 당해서는 전후 6년을 조석상식과 삭망제전을 거르는 일이 없었으며 조석 성묘도 폐하는 날이 없었다.

장조카가 아들 없이 조사하여 선영의 향화를 의탁할 곳이 없으므로 양자를 세워 종사를 잇게 하고 힘껏 보호했으며, 둘째와 막내 동생이 어린애 둘씩을 남기고 일찍 세상을 떴으므로 조카들을 친자식같이 거두어 길렀다.

집안의 외로운 아이들을 거두어 제때에 남혼여가시키고, 연로한

송씨효열록(宋氏孝烈錄)

어른들을 대접하기를 잊지 않았다.

웃대의 묘소에 위토와 석물(石物)을 빠짐없이 마련하였고 자녀질의 교육에도 힘을 기울여 학자로 성취시켰다.

송승호(宋承浩)

1862년(철종 13)~1937. 진해(鎭海)의 아들이다.

어려서부터 천성이 순수하고 언행이 단정했으며, 부모에게 효성이 지극한데다 형제간에 우애가 돈독하여 남의 귀감이라고 칭송이 자자했다.

또한 부모에게 걱정을 끼친 일이 없었고, 항시 부모의 마음이 편안하도록 받들었다.

끼니때는 부모의 밥상머리에 다소곳이 꿇어앉아 부모가 진지를 많이 드시면 기뻐하고, 적게 드시면 걱정하며, 맛있는 음식을 만들어 구미를 돋우게 했다.

름이면 베갯머리에서 부채질을 해 드리고 겨울이면 침실에 불을 지펴 따뜻하게 해 드렸으며, 부모가 혹시 환중에 계실 때는 만사를 제쳐놓고 간호에 정성을 기울여 백방으로 약을 구해 시탕했다.

철이 바뀌어 새로운 음식이나 과일이 나오면 반드시 부모가 자신 후에 먹었으며, 혹시 밖에 나가서 별미를 얻으면 먹지 않고 가지고 돌아와서 부모에게 드리니, 사람들이 '현대의 육속(陸續)'이라고 칭송했다.

일찍이 간재(艮齋) 전우(田愚) 문하에서 학업을 독실히 닦아 경사(經史)를 널리 통달하였고, 후진에게 공맹지도(孔孟之道)를 가르쳐 많은 준재를 길러냈다.

송봉호(宋鳳浩)

1864년(고종 1)~1934년. 진해(鎭海)의 아들이다.

천성이 진실하고 총명했다.

성암(誠菴) 승호(承浩)의 아우로, 명문 조상의 슬기를 이어받아 하늘을 감동케 하는 효성과 남달리 돈독한 우애는 당세의 모범이 되었다.

찍이 아우 경호(敬浩)와 더불어 간재(艮齋) 전우(田愚) 문하에서 학문을 닦았으며, 특히 성리학(性理學)에 연구가 깊었다.

이단잡서는 잠시도 펴 보는 일이 없었고, 오직 효제충신을 근본으로 삼아 실천하는 데에 부족함이 없는가 전전긍긍했다.

또한 후진양성에 힘을 써서 가르침을 게을리 않았으므로 많은 영재를 배출시켰으며, 유고(遺稿)가 세상에 전해지고 있다.

송경호(宋敬浩)

1867년(고종 4)~1935. 진해(鎭海)의 아들이다.

가훈을 이어받아 어려서부터 효성이 남달리 뛰어났다.

부모를 섬기되 혼정신성(昏定晨省)은 물론 즐기는 음식을 지성으로 공궤하여 그 몸과 마음을 편안히 해드렸다.

기품이 호걸스럽고 활발하며 재주가 뛰어나고 국량이 커서 그의 형 봉호(鳳浩)와 함께 간재(艮齋) 전우(田愚) 문하에서 수업하여 학문을 닦았으며, 후진을 많이 양성했다.

형제간에 우애가 돈독하여 음식을 먹을 때에는 식탁을 서로 연결하고, 잠잘 때에는 덮개를 같이하며 남달리 화락하게 지냈다.

사람을 대하면 언제나 화기가 있으며, 친척 간에 화목하고 이웃을 힘써 도왔으므로 향리 사람들은 그의 효행과 덕망에 감복하여 칭송이 높았다.

송시도(宋時道)

1871년(고종 8)~1914년. 채규(采奎)의 아들이다.

천성이 순진하여 평생을 시골에 묻혀 살며 일신의 영달을 뜬구름같이 여기고 '충효열'로써 가훈을 삼고 몸소 실천하였다.

부모를 섬김에 효성이 지극하여 여름에는 서늘하게, 겨울에는 다습게 해 드렸고, 저녁 잠자리 보살피기와 아침 문안드리기를 한때도 게을리 하지 않았으며, 부모의 뜻을 받들어 항시 부모를 기쁘게 해드렸다.

또한 부모님이 좋아하는 음식을 항시로 공궤하였다.

부인 고령 신씨(高靈申氏)도 효성이 지극하여 남편에게 손색이 없더니, 남편이 창병을 앓아 백약이 무효하여 밤이면 목욕재계하고 칠성님에 치성드리고 낮이면 의원을 찾아다니며 약을 구해다 지성으로 구완하던 중, 하루는 뱀이 특효약이라 하여 얻고자 하늘에 기도했더니, 우물에 물을 길러 가다가 문득 흑질백장(黑質白章)을 발견하여 그걸 잡아 드려 즉효를 보았다.

향리 사람들이 부인의 정성에 하느님이 감동한 소치라 하여 남편의 효와 부인의 열에 감복하여 높이 천양하였다.

송재수(宋在洙)

1874년(고종 11)~1961. 규환(奎煥)의 아들이다.

빈한한 가정에 태어나 어렸을 때 한학(漢學)을 배우고 가업인 농사에 종사했으며 문사(文詞)가 해박했다.

효행이 지극하여 부모의 말을 한 번도 거역함이 없었고, 색다른 음식을 보면 먼저 부모의 밥상에 올렸다.

부친이 우연히 병으로 신고할 적에는 온갖 약을 다 써 보았으나 아무 차도가 없던 중, 밤낮으로 걱정 하다가 깜박 잠이 들었는데 하늘과 땅이 환해지면서 소백산신(小白山神)이 나타나서 머리를 툭툭 치더니 "무얼하고 있느냐? 칠음산(七音山) 고송(古松) 아래에 있는 영약초(靈藥草)를 가곡(駕谷) 대암(大岩) 아래에 있는 영천수(靈泉水)로 달여 복용시키라"고 이르고 어디론가 사라져 버리는 것이 아닌가. 즉시 일어나 칠음산에 당도해 보니 막 먼동이 터 오고 있었다.

이리하여 해 뜨는 동쪽에 있는 영락초를 해지는 곳에 있는 영천수로 달여 드린 바 과연 신효를 얻었다.

부모의 임종시에는 하늘에 기도하고 주혈하여 몇 시간의 수명을 연장시켰고, 상을 당해서는 전후 6년 동안 시묘했으며 탈상 후에도 조석으로 묘를 찾았으므로 왕래하던 길은 훤히 닳았고 꿇어앉은 곳은 잔디가 나지 않았다.

송태백(宋泰白)

1876년(고종 13)~?. 학진(學鎭)의 아들이다.

어려서부터 천성이 온후하고 조행이 단정하였으며, 효성 또한 지극하여 남의 귀감이라고 칭송을 받았다.

부모를 섬기면서 증자(曾子)의 양지(養志)를 본받아 혼정신성(昏定晨省)과 출고반면(出告反面)을 어기지 않았고, 동온하청(冬溫夏淸)에 유념하였으며, 부모의 마음을 항시 화락하고 편안하게 받들었다.

음식을 부모의 구미에 맞게 해 드리고, 영양 있는 음식으로 몸을 보했다.

아버지가 병환으로 신고하실 때 백방으로 약을 구해 지성으로 시탕했으나 효험이 없이 운명하여 왼 손가락을 잘라 피를 드리워도 회생하지 않으므로 다시 바른 손가락을 잘라 주혈하여 3일간 연명케 하였다.

송씨효열록(宋氏孝烈錄)

마침내 상을 당해서는 슬픔이 예도에 넘쳐 삶을 바라지 않는 사람 같았다.

상장을 예절대로 극진히 치르고 3년동안 여막에서 거상하니 사람들이 하늘이 내린 효자라고 칭송이 자자하였고, 광주향교와 광주시장이 각각 표창했다.

송주학(宋柱學)

1876년(고종 13)~1942. 철호(哲護)의 아들이다.

자랄 때부터 여느 아이와 다르며 말 한 마디 웃음 한 번을 함부로 하지 않았다.

천성이 효성이 지극하며 성학(聖學)을 즐기고 과거 공부하기 싫어했으며, 성균관(成均館)에 합격하여 박사(博士)가 되어 여러 차례 시무(時務)를 상소하였다.

1910년 한일합방을 당하게 되자 고향으로 내려오다가 도중에서 모친의 병환 소식을 듣고 밤낮으로 달려 집에 당도하니 운명지경이었다.

세 번 어머니를 부르니 눈을 뜨고 손을 잡으며 "내 아들이 왔는가" 하더니 3년을 더 살고 돌아가셔서 3년 시묘를 마쳤다.

정자를 하나 지어 귀래(歸來)라고 이름하여 조석으로 놀며 세상일에 귀를 막고 선세(先世)의 삼강록(三綱錄)을 편찬하여 세상에 전하였다.

송하섭(宋夏燮)

1880년(고종 17)~1942년. 주일(柱日)의 아들이다.

천성이 어질고 착하였으며 예의범절에 뛰어나고 효성이 지극하였다.

부모를 섬김에 저녁 잠자리 보살피기와 아침 문안드리기며 맛있는 음식 공양을 극진히 했으며, 외출할 때 고하고 돌아와서 뵙는 절차를 어기지 않았고, 부모의 뜻에 순종하여 추호도 그 뜻을 어기는 일이 없었다.

결혼한 후로는 부인 온양정씨(溫陽鄭氏)와 함께 더욱 자식된 도리를 다하여 부모의 몸과 마음을 편안히 해 드리기에 힘썼다.

부친이 불행히도 병환이 나서 자리에 눕게 되자 시탕이며 조석 시중을 손수 들었고 대소변 받아내기와 의복류 세탁을 남의 손을 빌지 않고 손수 다했으며, 하늘을 우러러 자기 몸을 대신해 달라고 축원하는 등 사람이 할 일은 다했으나 병세가 위급해지자 손가락을 끊어 주혈하니 신명의 돌보심인지 이년간 더 살다가 끝내 세상을 뜨고 말았다.

예절대로 치상하며 애통해 함이 극에 달하여 거의 성명(性命)을 잃을 지경에 이르렀다.

장례를 예로써 치르고 삼년 거상에 세수도 아니한 채 애모의 정을 다하니, 향리에서 그들 부부를 일컬어 일문一쌍효(一門雙孝)라 하였다.

송인창(宋仁昌)

1882년(고종 19)~1928년. 식(湜)의 아들이다.

부모를 섬기되 모든 일을 반드시 여쭈어 본 다음에 행하고, 부모의 뜻에 순종하여 추호도 어기지 않았다.

동온하청(冬溫夏淸)과 혼정신성(昏定晨省)을 게을리 하지 않았고, 낮에는 밭 갈고 밤에는 글공부를 하며 산에 가 나무하고 물에 나가 고기잡아 철 따라 극진히 봉양했다.

부모 병환중에는 백방으로 약을 구해 구완하노라 밤에 눈 붙일

송씨효열록(宋氏孝烈錄)

사이가 없고 옷 띠를 풀 겨를이 없었으며, 손수 약을 달여서 항상 먼저 맛을 본 연후에 드렸다.

상을 당하여는 애통해 함이 지나쳐 몸이 야위어 뼈만 앙상할 정도였고, 가산을 기울여 길지(吉地)를 구해 안장한 다음 초하루 보름으로 묘소를 찾아 배곡(拜哭)하니 설한풍우를 무릅쓰고 가깝지도 않은 묘소를 한 번도 거르는 일이 없었으며, 묘소를 힘써 가꾸매 초동들이 그 산을 가리켜 '송효자(宋孝子)의 산소'라 했다.

또 조석으로 가묘(家廟)에 배알하여 향화를 올리고 촛불을 밝혔으며 기제(忌祭) 때는 마치 살아 계실 때처럼 정성을 다해 받들었다.

또한 종족간에 화목하고 신의로써 벗을 사귀며, 가난한 사람들을 힘써 구휼했다.

송창현(宋昶炫)

1883년(고종 20)~1965. 계성(桂星)의 아들이다.

부모를 극진한 정성으로 봉양하고 형제간의 우애가 두드러져서 가정이 항시 화목하였으므로 향리에서 모두 칭찬하여 신망이 두터웠다.

겨우 9세 때 어머니 상을 당하자 지극한 슬픔 가운데서도 성심껏 장제를 치르고 계모를 맞아서 지성으로 모셨다.

새어머니와는 겨우 일곱 살 차이였으나 생모나 다름없이 깍듯이 섬겼으며, 얼마 후 각거하면서도 매일 조석 문안을 드렸을 뿐만 아니라 상을 당해서는 그도 80의 노령이었으나 3년 상 동안 하루도 상복을 벗지 않았다.

그리하여 향리의 본보기가 됨은 물론 집안의 후생들에게 감화를 주어 모두 어버이 섬기듯 하였다.

송씨효열록(宋氏孝烈錄)

송시돈(宋時敦)

1883년(고종 20)~1967년. 규(煃)의 아들이다.

천성이 인자하고 효성이 지극하였다.

집안 형편이 매우 빈궁하여 겨우 9세에 아버지를 여의고 홀로되신 어머니와 함께 동서로 정처없이 떠돌아다니는 형편에 이르렀다.

그런 중에도 어머니를 깍듯이 모셨는데 불행하게도 어머니가 학질에 걸려 백약이 무효하던 중 전해 듣기를, 사람의 고기가 특효약이라고 하여 어린 나이에 자기의 허벅지살을 도려내어 삶아 드리자 크게 차도가 있었다.

그러나 공이 11세 되던 해에 다시 학질이 재발하니 대소변의 맛을 보아가며 시탕을 하고 치료에 힘써 완쾌시켰다.

15세 되던 해에 남의 집 고용살이로 들어가 몰래 어머니께 밥을 갖다 드리다 주인에게 발각되자 스스로 매를 때려 달라고 원하니 사람들이 모두 감탄하였다.

송도식(宋鍍植)

1884년(고종 21)~1942년. 한걸(漢杰)의 아들이다.

태어나면서부터 효우가 돈독했고 자질이 뛰어났으며 일찍이 학문을 익혀 문리가 숙달했다.

청빈한 생활을 하면서도 부모를 효성으로 섬겨 혼정신성(昏定晨省)을 극진히 하고 감지지공(甘旨之供) 궐하는 일이 없었다.

부친이 병환으로 신음하자 전전긍긍 어찌할 바를 몰라 하며 백방으로 약을 구해 시탕하고 백일기도를 드리는 등 온갖 정성을 다했으나 끝내 세상을 뜨니, 사람들이 "하늘도 무심하지, 저 같은 정성도

송씨효열록(宋氏孝烈錄)

보람 없다니!"하고 탄식했다.

친상을 당해서는 상장 범절을 예제에 따라 엄수하고 피눈물로 상복을 적시며 삼년간 거상했다.

문장이 뛰어나 유고(遺稿)가 전해지고 있지만, 조금도 문장을 자랑하지 않고 겸손해 했으며, 성품이 강직하고 의리에 강하여 세상의 헛된 명예를 구하지 않았다.

그리고 아무리 부유하고 권세가 있는 사람일지라도 도리에 합당치 않으면 사귀지 않고, 오직 숭고한 정신의 소유자하고만 도의로써 사귀며 자연을 즐기며 안빈낙도(安貧樂道)하였다.

송홍채(宋洪采)

1884년(고종 21)~1957년. 주표(柱表)의 아들이다.

성품이 순실 관후하고 어려서부터 가훈에 물 젖어 효성이 지극하였다.

부모에게 효도하고 웃어른을 공경하며 형제간에 우애가 돈독하고 친척간에 화목하여 남이 부러워할 만한 가정을 이룩했으며, 사람을 너그럽게 대하고 가난한 이웃을 힘써 도와 덕망이 높았다.

그의 부친이 일제의 침략을 분개하여 의병에 가담하여, 무도한 일본 헌병과 격전을 벌이며 항일투쟁을 하다가 순천(順天) 지방에서 순절하였다.

그는 이 비보에 접하고 땅을 치며 통곡하고 일제에 대한 증오에 이를 갈며 몸을 부르르 떨었다.

그는 곧바로 순천(順天)으로 달려가 부친의 시신을 찾아 헤맸으나 일본 헌병들이 시체를 한곳에 모아 불살라 버린 뒤라 찾을 수가 없었다.

그는 앙천통곡하고 집에 돌아와 초혼장(招魂葬)을 지낸 다음 평생을

송씨효열록(宋氏孝烈錄)

일제에 대한 복수심에 불타 그들을 저주했다.

송대영(宋大榮)

1895년(고종 32)~1972. 주민(柱玟)의 아들이다.

어릴 때부터 조상을 극진히 받들고 부모를 지성으로 섬기며 형제간에 우애하고 친척 간에 화목하며 손님 접대에 후했다.

불행히 맏형이 사십 세 때에 별세하니 맏형 대신 팔순 노부모를 지성으로 섬기고, 어린 조카 팔남매를 친자식처럼 거두어 길러 모두 남혼여가시켰다.

부모를 섬기되 사소한 일일지라도 반드시 여쭈워 본 연후에 행하고 출필고반심면(出必告反必面)과 동온하청(冬溫夏淸)을 조금도 소홀히 하지 않았다.

팔순의 노부모가 병환으로 신고하자 그는 수년간 지성으로 약을 구해 구완하고 주야로 천지신명께 치성을 드렸으나 천명을 어길 수 없어 세상을 뜨고 말았다.

상을 당하여는 애통해 함이 도에 넘쳤고 상장 범절을 예제에 따라 엄수하고 피눈물로써 거상하니, 향리의 칭송이 자자했고 사림(士林)이 천양했다.

송주립(宋柱岦)

1896년(건양 1)~1957년. 문호(文浩)의 아들이다.

어려서부터 부모에게 효도하고 어른을 공경하는 도리를 잘 알아서 행하였다.

많은 사람들이 모인 곳에 가면 삼강오륜(三綱五倫)을 역설하고 근방에

효열의 행실이 있으면 크게 칭찬하여 물심양면으로 도와주곤 하였다.

아버지가 병환으로 눕자 온갖 정성을 쏟아 백방으로 치료에 힘썼으나 백약이 무효하였다.

명의가 있다는 풍문을 듣고 병든 아버지를 업고 수십 리 길을 가서 극진히 치료했으나 차효가 없었으므로 귀가해서 치료하기 3년 후에 세상을 뜨자 지극히 애통해 하면서 정성껏 상장을 치렀다.

향리에서 칭송하였고 사림(士林)에서 천장이 있었다.

송정락(宋定洛)

1896년(건양 1)~1977. 이순(利淳)의 아들이다.

어려서부터 기구한 운명 속에서 자랐으니 세 살 때 부친을 여의고 다섯 살 때 모친의 버림으로 당숙에게 몸을 의지하였다.

낮이면 산과 들로 농사일을 도왔고, 밤이면 피곤함을 무릅쓰고 문자(文字)를 습득하였으며, 때로는 외가(外家)의 도움도 받으며 자라 왔다.

결혼한 후에는 성실하고 근검한 나머지 얼마간의 금전이 생기면 개가(改嫁)한 모친의 생활부터 도왔고 이부(異父)가 별세하자 즉시 모친을 모셔다 자식의 도리를 극진히 하였다.

또 자식들이 약간의 불온한 기색만 있으면 용서없이 꾸짖으며 타일렀다.

아무리 곤란한 생활 속에서도 모친을 봉양하는 고기반찬만은 빠뜨리지 않았고 한 번도 양친의 마음을 상하게 해 드리지 않았다.

모친이 별세한 뒤에는 그 애곡하는 소리에 마을 사람들의 눈물을 자아내게 하였다.

송씨효열록(宋氏孝烈錄)

송규섭(宋奎燮)

1896년(건양 1)~?. 주린(柱麟)의 아들이다.

성품이 온후 인자하고 형제간에 우애가 돈독하여 한 상에서 식사를 하고 같은 이불을 덮으며 화기애애하니 부모가 몹시 총애했다.

서당에 나가 효경(孝經)과 소학(小學)을 익히고 부모를 효성으로 섬겼으며, 선영 봉사며 손님 접대를 극진히 하므로 도덕군자라 일컬었다.

부모를 섬기되 추호도 그 뜻을 거스르는 일이 없었고 항시 부드러운 얼굴로 대하여 부모의 마음을 기쁘게 해드렸으며, 저녁 잠자리 보살피기와 아침 문안드리기며 여름에는 시원하고 겨울에는 따습게 해 드리는 정성을 한시도 게을리한 적이 없었다.

그리고 부모가 즐기는 음식을 지성으로 공궤하였다.

그 후 부친상을 당하여서는 예제에 따라 상장을 엄수하고 삼년 거상에 조석 성묘는 풍한설우를 무릅쓰고 하루도 거르지 않았다.

모친 평산신씨(平山申氏)가 친정으로 제사를 모시러 갔다가 갑자기 별세하자 그는 임종을 지키지 못했음을 평생의 한으로 여겼다.

송주용(宋柱鏞)

1887년(광무 1)~1936. 철호(哲浩)의 아들이다.

윤리에 밝아 부모에게 효성이 지극하였고 형제간에 우애가 두터웠다.

조석 문안과 기거를 살펴 조금도 소홀함이 없도록 모셨으며, 뜻과 몸을 잘 공양하였다.

공은 민족의식이 투철해서 일제 36년 동안 머리를 깎아 본 일이 없었다.

부모상 때는 정성껏 장제를 치르고 선영의 봉제사에도 성의가 많았다.

사람됨이 관대하고 온후하여 대인관계가 원만하였으며 널리 종친 간을 통솔하여 솔선수범하였으니 신뢰가 두터웠다.

자질을 옳은 길로 지도하고 식구들을 준엄하게 통솔하며 형제간에 우애가 두터우니 사림에서 크게 찬양하고 천장을 보냈다.

송효섭(宋孝燮)

1897년(광무 1)~1948. 중추원 박사(中樞院博士) 주학(柱學)의 아들이다.

충효를 가훈으로 이어 온 가문에서 태어나 부모 섬기는 범절이 습성화되어 저녁 잠자리 보살피기와 아침 문안드리기며 겨울에는 따뜻하게, 여름에는 시원하게 해 드리는 데 한시도 게을리 하지 않았다.

부모상을 당하여는 지나치게 슬퍼하여 몸이 쇠약해졌으며, 그 후 계모 섬기기를 생모나 다름없이 하였다.

또 육영사업에 뜻을 두어 지방의 동지들과 합심하여 학교를 세워 풍기를 바로잡고, 덕을 베풀어 가난한 친척을 구휼할 뿐 아니라 이웃을 사랑하고 공경하니 사람마다 존경하였다.

송기영(宋基永)

1899년(광무 3)~1937. 진섭(珍燮)의 아들이다.

인품이 준수하여 6세 때부터 글을 읽을 줄 알았고 16세 때에는 경서(經書)는 물론 제자백가(諸子百家)를 두루 섭렵했다.

유약한 몸으로도 백리부미(百里負米)의 정성과 혼정신성(昏定晨省)의 절차를 빠뜨리지 않았고, 모든 일을 부모에게 여쭈어 본 뒤에 처리하므로 사람들이 재동(才童), 효동(孝童)이라 칭했다.

장성해서는 망국의 한을 안고 구국일념으로 삼일 운동을 전후하여

송씨효열록(宋氏孝烈錄)

동지를 규합하여 독립운동을 벌였으나 일제의 탄압으로 큰 뜻을 펴지 못하고, 사설학교를 세워 많은 청소년에게 구국충정의 이념을 고취시키며 경제발전의 근본을 강론하다가 한 많은 여생을 마쳤다.

송판조(宋判祚)

1899년(광무 3)~1947. 태호(泰浩)의 아들이다.

충효 가문의 후예로 태어나서 천성이 인자하고 효성이 지극하였다.

어려서부터 효경(孝經), 소학(小學) 등을 몸에 밸 정도로 배우고 익혀서 부모에게 효도하고 어른을 공경하며 형제간에 우애하고 친척 간에 화목하였을 뿐만 아니라 사람을 너그럽게 대하고 빈곤한 사람에게는 많은 도움을 주었다.

근방에서 칭송이 자자하더니 사림(士林)에서 천장이 있었다.

송 걸(宋 杰)

1900년(광무 4)~1973. 인창(仁昌)의 아들이다.

조부상을 당하여 부친이 복상하노라 가사를 돌볼 수 없으므로 그는 23세에 살림을 맡아보게 되었다.

모든 일을 부친의 뜻에 따라 행하고 자의로 하는 일이 없더니, 29세 때 부친이 병환으로 신고하자 지성으로 구완했고, 상을 당하여서는 애통해 함이 예절에 넘쳤으며, 예제에 따라 거상을 극진히 하고 조석으로 가묘에 배알했다.

조모와 편모를 지성껏 봉양하고 조상의 제사를 정성들여 받드니 사람들이 '그 아버지에 그 아들'이라며 칭송했다.

38세에 조모상을 당하고 72세 때 모친상을 당했는데, 부친상 때와 똑같이 거상했고, 모친상에는 여막에서 시묘하다가 일 년 만에 병을 얻어 세상을 떴다.

그는 성품이 온후하고 언행이 단정하며, 빈객을 후히 대접하고 집안을 잘 다스리며 종중 일에도 성의가 있었다.

선조가 남긴 토지에 대하여 소작료를 조부와 부친이 받던 대로 염하게 하여 경작인들에게 은혜를 베풀었고, 흉년이 들면 마을 사람들을 힘써 구휼하니 칭송이 자자했다.

한편 근검으로 치산하여 유산을 불려 나갔고, 아우들에게 후히 나누어 주어 모두 잘 살게 했다.

늦게 아들 하나를 얻었는데 이십 명의 조카들과 함께 올바로 가르쳤다.

송동일(宋東日)

1902년(광무 6)~1960. 병윤(秉潤)의 아들이다.

어려서부터 지극한 효성으로 부모를 잘 봉양하더니 자란 후에는 더욱 정성을 쏟아 일상생활을 오로지 부모 봉양으로 일과를 삼았다.

그의 아버지가 별실에서 따로 기거를 하는데 비바람이 몰아칠 때나 눈이 내리고 날씨가 추워도 조석 문안을 하루도 거르지 않고, 식사 때에는 옆에서 지켜 서서 상을 물린 후에야 물러나오곤 하였고, 아무리 어려운 일이나 역겨운 말씀에도 안색을 변함이 없이 뜻을 잘 받들었다.

아버지가 병환으로 자리에 눕게 되자 밤이면 후원에 단을 모아 목욕재계한 후 정화수를 떠 놓고 7일 동안 부친의 병을 낫게 해 달라고 간절히 축원했는데, 하루는 비몽사몽간에 날으는 새 소리가 들려 깨어 보니 풀뿌리 하나를 떨어뜨려 주므로 약으로 달여 드려 큰 효험을 얻으니 하늘이 효성에 감응한 것이라 하여 모두 감탄하였다.

송기준(宋基俊)

1910년~1963년. 관섭(官燮)의 아들이다.

어려서부터 배우지 않아도 부모 섬기는 도리를 알았으며, 입학해서는 선생의 감독이 없이 문리가 터지고, 고인의 충효를 다한 곳을 읽게 되면 책을 덮고 한숨을 쉬며 흠모하였다.

자기보다 나은 자를 가리어 벗하며, 효하고 우애하여 3형제가 마당을 같이하였으나 귀나는 소리가 없었다.

가법(家法)이 엄하고 내외가 분명하여 춘추로 유덕한 선비를 초청하여 아들과 조카들에게 시(詩)와 예(禮)를 가르쳤다.

제사에는 정성과 공경을 다하고 손님에게는 부드럽고 공손하게 대하였다.

상중에는 술과 고기를 아니 먹었으며 상복을 벗지 않고 날이 밝으면 산소에 가니, 한 지방이 감화되어 풍속이 순화하여 모범촌이 되었고, 칭송이 사방으로 퍼져 요로(要路)의 표창을 받았으며 사림(士林)의 추천으로 비(碑)를 세워 미덕을 칭송하였다.

송부섭(宋富燮)

1910년~ . 주용(柱鏞)의 아들이다.

어려서부터 효성이 지극하여 사람마다 하늘이 낸 효자라 하여 칭송이 자자하였으며 동과 면의 표창이 내린 적도 있었다.

형의 일을 먼저하고 자신의 일은 나중에 하였다.

형님이 신병으로 살림이 줄고 또 홀아비로 있으니 의복이며 약값과 여비마저도 때맞추어 제공하였으며, 평생 심력과 기력을 기울이는 것이 조상을 받드는 것으로 일관하니 사람마다 공경하고 중히 여겼다.

송씨효열록(宋氏孝烈錄)

송돈우(宋燉禹)

1910년~ . 원주(員柱)의 아들이다.

재질이 뛰어나고 어릴 때부터 가정교육을 받아 문행(文行)을 겸비했고, 평생을 효제(孝悌)로 행동의 근본을 잡았다.

부모를 섬기되 양지(養志), 양체(養體)를 극진히 했고, 웃어른을 공경하며 벗과는 신의로써 사귀었다.

그리고 조상 제사를 지성으로 받들고 종족간에 화목을 도모하니 향리의 칭송을 받았다.

그러던 중 모친상을 당하여 상장을 예제에 따라 엄수하고, 이후 부친을 극진히 봉양했다.

부친이 팔순에 노환으로 5, 6년간을 자리에 누워 신고할 때는 잠시도 곁을 떠나지 않고 한 방에서 침식을 같이하며 지성으로 간병했고, 백방으로 약을 구하고 의원을 맞아 구완했으며, 하늘에 기도드리는 등 온갖 정성을 다 기울였다.

하루는 병석에 누워 계시는 부친이 별안간 꿩고기를 잡숫고 싶다고 하여 이를 구하고자 했지만 갑자기 구할 재간이 없었다.

부친의 뜻이라면 추호도 어기지 못하는 그는 어떡하든 구해 드리고자 노심초사하고 있는데, 어디선지 꿩 한 마리가 나타나 부엌으로 날아드는 게 아닌가. 그는 뛸 듯이 기뻐하며 그 꿩을 잡아 공궤했더니 나흘 동안 차효가 있었으나 끝내 세상을 뜨고 말았다.

예제에 따라 상장을 마치고 매일 아침 목욕하고 묘소를 찾아가 곡배하니 향리의 칭송이 자자했고, 사림(士林)의 추천으로 양노회(養老會)의 표창장과 상품이 내렸다.

송익희(宋益禧)

좌랑(佐郞) 수중(守中)의 아들이다.

천성이 순후하여 부모를 효성으로 받들고, 나라에 충성이 지극하여 충효를 겸전한 학자로 추앙을 받았다.

일찍이 글공부에 전력하여 학문에 조예가 깊었고, 겸양의 덕의가 있어 모든 사람들에게서 존경을 받았다.

부모 병환에는 근심으로 날을 새우며, 백방으로 약을 구해 옷의 띠를 풀 사이도 없이 지성으로 시탕했다.

부모상을 당해서는 슬픔이 예도에 넘쳤고 여막에서 3년간 시묘하였다.

평생을 은혜 베풀기를 즐겨하였고, 흉년이 들 때는 전곡을 풀어 수만 가구를 구휼하니 향당에서 송덕의 소리가 자자했다.

그의 무덤 앞에 십여 아름의 큰 괴목 두 그루가 있었는데 후손 중에서 등과할 시기가 되면 뒤엉켰다가 과거에 급제한 후 다시 풀어졌다고 한다.

송진서(宋鎭瑞)

지권(志權)의 아들이다.

일찍이 부친을 여의고 편모슬하에서 자랐는데, 모친이 학질에 걸려 자리에 눕자 백방으로 치료하여도 차도가 없이 10여 해를 신음하다 병이 위중하여 운명하려고 하니, 창황한 마음으로 "내가 들으니 산 사람의 피와 고기가 연명시키는데 양약이 된다고 하더라"하고 칼로 허벅지의 살을 베어 국을 끓여 드리니 30년을 더 살다가 천명으로 돌아갔다.

그 아들 천수(天洙) 또한 가훈을 따라 부친에게 효도하니 부친이

송씨효열록(宋氏孝烈錄)

병들어 백약이 무효하자 손가락을 끊어 주혈하며 기절하였다가 다시 깨어나 반일(半日)을 대화하다가 다음날 또 위급해지자 다시 피를 흘려 넣었으나 마침내 운명하고 말았다.

송기면(宋基勉)

한섭(漢燮)의 아들이다.

어려서부터 성품이 효성스럽고 순진하여 조석 문안드리는 일부터 겨울에는 따스하고 여름에는 서늘하게 하는 것과 맛있는 음식 공양하기와 병중에 시탕하는 정성과 거상하는 예와 성묘하는 성의와 제사하는 법이 하나같이 옛날의 효자에게 부끄러움이 없었다.

모친 우씨(禹氏)가 80 고령에 눈이 어두워 보지를 못하니 공은 밤낮으로 곁을 떠나지 않고 시중들었으며, 가사의 대소를 막론하고 반드시 의논하여 행하고, 비록 가장집물에 이르는 지극히 사소한 것까지도 일일이 고하였으며, 모친이 식사할 때는 옆에서 반찬과 밥을 가리켜 드렸고, 손님이 오고가도 반드시 누가 왔다 갔다고 고하였다.

사림(士林)이 천거하여 효행을 찬양하였다.

송회욱(宋會昱)

처경(處慶)의 아들이다.

자품이 청고하고 조행이 공겸하여 수신과 제가에 법도를 어기지 않았으며, 남의 착한 일을 보면 내일처럼 기뻐하고 불의를 보면 물러서지 않았다.

부모를 섬기면서 뜻을 어기지 않았고, 양지(養志), 양체(養體)를 겸전하여 남의 모범이 되었다.

송씨효열록(宋氏孝烈錄)

부친상을 당해 슬픔이 예도에 넘쳤음은 물론 살아서 못다한 효도를 통탄하고 사후에 유택이나마 좋은 곳으로 모시기 위해 풍수학에 밝은 친지 심씨(沈氏)를 동반, 구산하여 마침내 명당을 얻어 안장하게 되었는데, 장례를 치를 때 심씨가 천광을 감독하다가 영구가 오지 않으므로 이를 맞이하러 가는 사이에 인부들이 심씨의 지나친 간섭과 조심하라는 단속에 반발하여 광중(壙中) 있었던 네 곳의 승두(僧頭) 중 한 개를 연장으로 찍자 산이 울고 계견(溪犬)소리가 진동하였다.

영구를 맞이하여 돌아온 심씨가 승두석(僧頭石)이 파손된 것을 보고 통탄하며 하관하기를 주저하자 그가 묻기를, "백골에게 해가 미치겠는가" 하니 심씨가 "백골이나 자손에게는 아무런 해가 되지 않는데 다만 장남인 자네가 삼년 내에 목병으로 객사할 것이다"고 대답했다.

그는 태연히 "내 반평생을 살았고 자식이 삼형제가 있으니 위선하다 죽는다 해서 무슨 한이 있겠는가"하고 장례를 마쳤다.

그 후 몇 년이 지난 후에 그가 충청도로 피난하는 도중 갑자기 목병이 나니 몇해 전 심씨의 예언을 회상하면서 "이 또한 천명이다"하고 객지에서 쓸쓸히 생애를 마쳤다.

이 일이 있을 것으로 예측했던 심씨가 "그는 하늘이 내린 효자라"하고 지난 번 작별했던 불노리(不老里) 앞 천변까지 나와 영구에 조문하고, "그는 진실로 부모를 위하고 자신을 희생한 효자인데 내가 어찌 그의 후사를 외면하겠는가"하고 유택을 잡아 주면서 "자손이 부(富)를 누릴 것이다" 하더니, 그의 아들 3형제 중 막내 의감(義鑑)이 당대에 수천 석 거부가 되었다고 한다.

송씨효열록(宋氏孝烈錄)

송극기(宋克己)의 처 고흥류씨(高興柳氏)

1371년(공민왕 20)~1452년(문종 2). 상서 호안공(胡安公) 류준(柳濬)의 딸로 은진인(恩津人) 진사 송극기(宋克己)의 처이다.

부인은 명문가에서 부덕을 배우며 자라 은진송씨 가문으로 출가하였으며, 약관의 나이에 남편이 세상을 떠나자 22세에 홀몸이 되어 청상의 몸으로 유복자 송유와 함께 개성의 친정에 살고 있었는데, 가엽게 여긴 친정에서 재혼을 권하며 서두르자 한밤중에 아들을 데리고 500리가 넘는 시가인 이곳 회덕으로 내려왔다.

그러나 시부모는 기쁘게 받아주지 않고, "여자가 부모의 명을 듣지 않는 것은 삼종(三從)의 의(義)가 아니다."라고 나무라니 부인은 울면서 말하기를 "저의 삼종의 도는 지금 등 위의 아이에게 있지 않겠습니까?"하며 3일 동안 떠나지 않았다.

이에 감동한 시부모는 딱하게 여기고 부인을 받아들이니, 그 뒤 류씨는 부모에게 효도를 다하며 아들 유(愉)를 훌륭히 키웠다.

그러나 1446년(세종 28)에 아들 유가 일찍 세상을 등진 뒤에도 거듭 당하는 슬픔을 억제하며 손자 계사(繼祀)와 계중(繼中)을 훌륭하게 길러 은진 송씨의 가맥을 이었고, 82세로 일생을 마쳤다.

1653년(효종 4)에 부인 정절을 기려 나라에서 정려를 내렸다.

은진송씨(恩津宋氏)

송담 송남수(宋枏壽)의 딸로 계림군 김정의 후손인 경주인(慶州人) 송애(松厓) 김광유(金光裕)의 처이다.

송씨는 회덕현 백달촌 중리에서 태어나 22세에 혼인하였으나 몇 달 만에 남편이 별세하였는데, 당시 부인은 임신 중이었다.

송씨효열록(宋氏孝烈錄)

남편을 뒤따라 죽으려고 하였으나 부친의 만류로 죽지 못하고 부모에게 귀의하여 유복자인 아들 경여를 훌륭하게 키웠다.

송애 김경여(金慶餘)는 조선 효종 때의 문관으로서 옳은 일과 나라 일을 많이 한 충신이다.

효종조에 충청도 관찰사를 역임한 김경여가 성공한데는 어머니 송씨의 덕이 컸으며 부인은 자식에게 뿐만이 아니라 효성이 지극하여 부친이 노환으로 백약이 무효할 때 자신의 손가락을 잘라 뼈를 갈아 복용시켜 장수케 하여 90상수(上壽)를 누렸다 한다.

이 효열이 세상에 널리 알려져서 1729년(영조 5)에 나라에서 정려를 내렸다.

송 제(宋 悌)의 처 능성구씨(陵城具氏)

송제(宋悌)의 처이다.

남편이 진주성(晉州城)을 공략하는 왜병을 무찌르다 전세가 불리하자 조카 덕린(德麟)과 덕이(德餌)를 시켜 형에게 마지막으로 어머니를 잘 모셔달라는 유언을 전하고 전력을 다해 싸우다 전사했다는 소식을 듣자, 시(詩)를 읊고 7일간 식음을 전폐하고 졸하였다. 그 시의 일절에 '晉水深深撓矗石 將軍殉節國爲榮 忠臣家有忠臣妾 願與忠臣以死生'이라 하였다.

1797년(정조 21) 남편과 함께 함께 정려가 명해졌으니 '쌍충일렬지려(雙忠一烈之閭)'라 했고, 고흥의 운곡사(雲谷祠)에 제향되었다.

송명수(宋洺秀)의 처 하동정씨(河東鄭氏)

1735년(영조 11)~1793년(정조 17), 현경(賢卿)의 딸로 서산인

송씨효열록(宋氏孝烈錄)

송명수(宋洺秀)의 처이다.

시어머니가 원래 병객으로 나이 80에 이르러 아주 몸져눕게 되자 부인은 병석을 떠나지 않고 지성으로 간호하였다.

혹은 등에 업고 혹은 안아 일으켜 부축하기를 8년간이나 하였는데, 병이 위중하자 대변 맛을 보아 병세를 헤아려 시탕하였고, 목욕재계하고 천지신명께 치성 드려 효과를 보아 병이 치유되었다.

후에 시어머니가 등창이 나서 1년이 지나도록 낫지 않고 고생하자, 하루에 세 번씩 입으로 고름을 빨아 완치케 하였다.

또 별안간에 남편상을 당해서는 즉시 하종하고자 며칠을 식음을 전폐하였으나 좌우에서 만류하고 어린 것이 옆에서 보채는지라 마음을 돌이켜 예로써 3년 상을 마쳤고, 초상 때 입던 옷을 버리지 않고 제삿날에는 반드시 그 옷을 입고 초상 때와 같이 제례를 행하였다.

그 후 자녀를 다 성취시킨 다음, 남편 상을 당한지 7년 만에 초상 때 입던 그 옷을 꺼내어 입고 한밤중에 아무도 모르게 남편의 뒤를 따라 이 세상을 떠났다.

부인의 우뚝한 효와 열은 향리의 칭송을 받았고, 유림에서 한결같이 일어나 조정에 알려 1832년(순조 32) 열녀 정려가 명해졌다.

신평송씨(新平宋氏)

1783년(정조 7)~1822년(순조 22), 수묵(修黙)의 딸로 광산인(光山人) 김찬영(金瓚榮)의 처이다.

유교사상이 짙은 선비의 가문에서 태어나 집에서 열녀전과 효경(孝經)을 읽어 삼종(三從)의 도리를 배우고 부도를 닦아 왔다.

출가하여 시부모를 효성으로 받들고 남편을 손님 대하듯이 공경하며 동기간에 우애하니 집안이 화락하여 군소리가 없었다.

불행히도 부인이 28세 때 남편이 중병으로 눕자 경황망조하여 백방으로 약을 구해 치료하며, 눈썹 붙일 사이도 없이 지성으로 구완했으나 부인의 애절한 소망과 정성어린 간호도 아랑곳없이 세상을 등지고 말았다.

부인은 죽기로 맹세하고 여막에서 식음을 끊은 채 통곡하다가 두 달 후인 오월 팔일에 그리던 남편의 뒤를 따랐다.

나라에서 부인의 정절을 기특히 여기고 정려의 은전을 내려 1832년 (순조 32)에 열녀문을 세웠다.

송중엽(宋中燁)의 처 인동장씨(仁同張氏)

1828년(순조 28)~ . 학길(學吉)의 딸로 남양인(南陽人) 송중엽 (宋中燁)의 처이다.

성품이 온화 명민하여 언행이 바르고 사리에 밝았으며, 효성도 지극하여 부덕을 두루 갖추었다.

시집와서도 시부모를 친부모처럼 잘 모시고 남편을 공경하여 섬기더니, 남편이 괴질로 신음하자 백방으로 성의를 다하여 시탕과 간호에 힘썼으나 별 차도를 못 보던 차에 의원의 말을 듣고, 부인은 자신의 허벅지살을 도려내서 드려 얼마간 연명하였다.

그러나 끝내 세상을 뜨자 부인은 너무도 애통하여 하종하기로 마음먹었으나 어린 아들의 양육과 남편의 뒷일을 생각해서 억지로 참고 마음을 돌이켜 어린 아들을 잘 거두어 기르고 가르치면서 근검절약으로 치산하여 가문을 이어가니 모두 열부라 하여 칭찬이 자자했다.

송시권(宋時權)의 처 성주이씨(星州李氏)

1848년(헌종 14)~1943, 광정(光鼎)의 딸로 남양인(南陽人) 송시권(宋時權)의 처이다.

어려서부터 정숙하고 덕이 있었다.

잘 자라서 시집오니 모든 일에 능히 부도를 지키고 시어머니 모시기를 자기 친부모 보듯 효성을 다하였으며, 좋아하는 음식을 항상 끊이지 않고 공궤해 드리고, 크고 작은 일을 홀로 처리하지 않고 모두 미리 말씀을 드려 허락받아서 행하였다.

남편이 병으로 시달리자 부인은 백방으로 시탕과 간호에 정성을 쏟았으나 보람도 없이 끝내 세상을 뜨려하자 자기 허벅지살을 도려내서 약으로 드려 병이 완쾌되니, 모두들 하늘의 감응이라고 칭송하며 사림에서 천거하여 표창이 내려졌다.

진천송씨(鎭川宋氏)

1867년(고종 4)~1929년. 영순(榮淳)의 딸로 울산인(蔚山人) 김영환(金瑛煥)의 처이다.

엄격한 가정에서 태어나 훌륭한 교육을 받아 어진 낭자로 소문이 자자하였다.

일찍이 출가하였는데 남편이 처가에 재행(再行)왔다가 급병을 얻어 불귀의 객이 되고 말았다.

부인은 장례를 마치고 남편의 뒤를 따라 순절하려 하였으나 연로하신 시부모를 생각하고 마음을 돌려 조카를 가르쳐 남편의 뒤를 이어 가풍을 다시 일으켰다.

1894년(고종 31) 갑오동란이 봉기하자 친족들이 부인의 신변을 염려했으므로 부인은 가슴에 품고 있던 단도(短刀)를 꺼내 남편의 친동생인 규락(奎洛)에게 보이며 염려하지 말라는 뜻을 밝혔다.

부인의 이런 결심이 전파되자 적들도 감히 부인의 몸을 가까이하지 못하였다.

난이 끝난 후 향리 사람들은 모두 다 부인의 높은 기지와 깊은 사려에 감탄하지 않는 이 없었다.

홍주송씨(洪州宋氏)

?~1903년(광무 7), 참의 신묵(申黙)의 딸로 장흥인(長興人) 임태귀(任泰龜)의 처이다.

어려서부터 천성이 온후하고 차분했으며, 언행이 정숙하여 처신에 예의를 어기지 않았다.

일찍이 가훈을 이어받아 효우가 지극하였고, 침선과 선영 받드는 범절이며 손님 접대하는 예절이 미치지 않은 곳이 없으니, 주위에서 '여중군자(女中君子)'라고 칭송이 자자했다.

성장하여 출가했는데 시조부와 시아버지가 모두 학문과 덕행으로 이름이 드러났고, 남편 또한 조부와 부친의 명성을 떨어뜨리지 않으려고 학업에 열중할 뿐만 아니라 효성이 지극하였다.

부인은 남편이 마음놓고 학업에 정진할 수 있도록 시부모를 효성으로 받들면서 남편을 대신해서 안팎살림을 도맡아 알뜰하게 꾸려 가며 남편의 뒷바라지를 충실히 하니, 일가들은 물론이요 향리에서 현부라고 칭송이 자자했다.

아무리 바쁜 일이 있어도 시부모에게 올릴 음식물과 의복의 빨래는 남에게 맡기는 일이 없었으며, 철이 바뀌어 새로운 음식물이 나오면 시부모에게 먼저 드렸다.

송씨효열록(宋氏孝烈錄)

시부모의 건강에 유념하여, 시부모가 진지를 많이 드시면 기뻐하였으며, 적게 드시면 근심하고 새로운 반찬을 만들어 구미를 돋우어 드렸다.

자식을 귀여워하면서도 엄격히 훈계하여 효제로 지도하였고, 선영을 정성껏 받들었다.

남편이 학문에만 열중하고 가사를 돌보지 않으나 조금도 불평함이 없이 선영 봉사와 자녀의 교육에 온갖 정성을 쏟았다.

불행히도 남편이 43세에 세상을 하직하자 애통망극해 하며 송종을 예절대로 치르고 삼년 상기를 법도에 어김이 없이 마쳤다.

어린 자녀를 훌륭히 길러내어 적기에 남혼여가시키고 가문을 유지하니 사람들이 효부요 현모라고 칭송이 자자했다.

송병원(宋炳元)의 처 해주오씨(海州吳氏)

1857년(철종 8)~1939년. 인선(麟善)의 딸로 은진인(恩津人) 송병원(宋炳元)의 처이다.

학덕 높은 가문에 태어나 성품이 온후하고 어릴 때부터 모친 순천박씨(順天朴氏)의 가르침을 받아 숙덕(淑德)이 있었다.

19세에 출가하여 부도를 다하니 대소가(大小家)가 화평했다.

29세 때 불행히도 남편이 병들어 부인은 지성으로 구완했으나 남편은 어린 삼남매를 남기고 세상을 뜨니, 청상과부가 된 부인은 비통한 나머지 식음을 전폐하고 따라 죽기로 결심했다.

이 소식을 듣고 달려온 친정아버지가 "내가 배우고 들은 부녀자의 도리는 남편 뒤를 좇는 것만이 부도가 아니다.

너의 집 형편이 위로 연로하신 홀시할아버지와 시아버지가 계시고 또 세 어린 것이 있으니, 너는 살아서 만난을 극복하고 이 집안을 영화롭게 하는 것이 도리이거늘 어찌 망녕된 생각을 하느냐?"하고 타이르자, 부인은 번연 회오하고 친정아버지 말씀을 가슴에 깊이 새겼다.

그 후로 시할아버지와 시아버지를 위로하며 극진히 봉양하고 삼남매를 올바로 가르치며 가사를 법도 있게 처리해 나갔고, 매사를 시동생 부부와 오순도순 상의했다.

시조부와 시부에 대한 부인의 효성에 감탄한 향리에서는 후세의 귀감이라 하여 칭송이 자자했다.

송시윤(宋時允)의 처 고흥류씨(高興柳氏)

1861년(철종 12)~?. 용원(龍源)의 딸로 남양인(南陽人) 송시윤(宋時允)의 처이다.

성품이 온화하고 가신하였다.

시집와서 웃어른을 지성으로 섬기었고 종족 간에 화목하게 지내니 온 집안의 사랑을 받았다.

그런데 얼마 후 남편이 병들어 10여 년 동안이나 자리에 누워 있자 부인은 있는 힘과 온갖 정성을 다해 약을 달여 드리며 구완에 힘썼으나 낫지 않고 종내 병세가 위독하게 되자 허벅지살을 도려서 약으로 올렸으나 보람도 없이 세상을 뜨고 말았다.

부인은 너무도 비통해서 몇 번이나 기절했고, 곧바로 남편을 따라 죽고자 하였다가 주위의 만류로 마음을 고쳐먹고 굳건히 살아가기로 결심했다.

그러나 남편의 오랜 병구완으로 가산이 기울었고, 게다가 남편의 후사마저 없으니 어찌할 것인가. 여러 가지로 어려운 고비가 많았으나 부인은 꾹꾹 참고 살면서 조카를 맞아다가 뒤를 잇게 하고, 부지런히 길쌈하며 가도를 이루었다.

신평송씨(新平宋氏)

1868년(고종 5)~?. 환민(煥敏)의 딸로 하음인(河陰人) 봉채순(奉采淳)의 처이다.

어려서 부덕을 갖춘 어머니에게 길쌈과 침선, 제사 모시는 범절 등을 배웠으며, 효성이 남달리 지극해서 부모의 사랑을 받으며 자랐다.

시집와서 홀로 계신 양시아버지를 효성으로 받들며 시어머니를 모시지 못함을 한스럽게 생각하고, 제사 때가 되면 엄숙하고 정결하게 예절을 갖추어 살아 계신 시어머니를 모시듯 하였다.

시아버지의 벗이 많아서 매일 같이 손님이 끊어지지 않았는데 그때마다 맛있는 음식을 마련하여 대접했고, 시아버지께서 음식이 남았느냐고 물으면 없어도 있다고 대답하고 무슨 일이 있어도 곧 장만해 올렸다.

시아버지가 노환으로 신음하시자 백방으로 다니면서 약을 구해다 썼고, 밤이면 정화수를 떠놓고 기도도 드렸으나 천명을 어기지 못하고 돌아가시니 예를 갖추어 장례를 치렀다.

설상가상으로 얼마 후에 남편이 병을 얻어 약을 써도 듣지 않고 몸져눕게 되자, 부인은 백방으로 다니면서 약을 구해다 쓰며 정성들여 간호했으나 회생하지 못하고 돌아가니, 남편을 따라 죽으려고 결심하고 식음을 전폐하였는데 주위 사람들의 깨우침을 듣고 "시아버지의 영위를 거두지 못했으며, 두 어린애가 있으니 내가 죽으면 남편의 뜻을 배반하게 된다" 하고 슬픔을 억제하며 예절을 갖추어 장례를 치렀다.

얼마 후에 생가의 시부모가 돌아가셨는데 가난한데다 시동생이 어렸으므로 부인이 감당하여 초상과 장례를 치렀다.

송씨효열록(宋氏孝烈錄)

몇해 사이에 여러 차례 초상을 치렀고 설상가상으로 흉년이 들어 가산이 탕진되어 끼니를 제대로 잇지 못하는 형편에서도 두 남매를 길러 남혼여가시키고, 또 시동생 내외가 후사가 없이 별세하자 그 제사까지 받드니, 세상 사람들이 고금에 없는 효열부라고 입을 모아 칭찬하였다.

송주온(宋柱穩)의 처 풍천노씨(豊川盧氏)

1869년(고종 6)~1958. 억수(億壽)의 딸로 여산인(礪山人) 송주온(宋柱穩)의 처이다.

성품이 강직하고 몸가짐이 여사(女士)의 풍이 있었으며, 어릴 때부터 행실이 남과 달라 칭송을 받았다.

출가해서는 부도를 다하고 부지런히 길쌈하며, 시부모에게 효도를 다하고 남편을 공대하며, 동기간에 우애하고 친척 간에 화목하며, 조상의 제사를 정성껏 받들고 빈객을 따듯이 대하였다.

손이 귀한 집에 와서 대를 이을 아들을 낳는 것이 첫째요, 시부모에게 효도하고 남편을 공대함이 둘째요, 근검치산하여 자녀를 올바로 가르치며 조상 제사를 정성껏 받드는 것이 여자의 도리라 생각하고 그대로 실행하니 사람들이 하늘이 낸 효부라 칭찬했다.

시부모가 80고령에 별세하고 남편 또한 신병으로 수십 년을 신고하다가 세상을 뜨자 치상을 깍듯이 하고, 혼자서 어린 4형제를 거두어 길러 성취시켜 가문을 훌륭히 이으니 사림(士林)의 천장이 내렸다.

여산송씨(礪山宋氏)

1870년(고종 7)~?. 영섭(英燮)의 딸로 김해인(金海人) 김선배

(金善培)의 처이다.

19세에 출가하여 시부모를 지성으로 섬기고 남편을 귀빈 대하듯이 공경했다.

원래 시어머니의 성격이 괴팍하여 걸핏하면 화를 내고 심지어 손찌검까지 했으나, 그럴 때도 부인은 웃는 얼굴을 하고 부드러운 음성으로 사죄하여 화를 풀어 드렸다.

이러한 부인의 효성으로 가정이 화평하고 웃음의 꽃밭을 이루어 행복한 가정이 되었다.

시어머니가 항시 머리가 쑤신다고 신음하는지라, 부인은 항시 이를 걱정하며 의원들에게 문의한 즉 비둘기 고기가 좋다는 말을 들었다.

그래서 비둘기 잡을 방도를 생각하고 있던 중 하루는 물을 길으려고 문밖을 나서니 난데없이 독수리가 나타나 비둘기를 떨어뜨리므로 이를 드렸더니 쾌차하였다.

또 시어머니가 홍시를 먹고 싶다고 하시는데, 때는 중춘(仲春)인지라 어디에서 홍시를 구하랴. 부인은 홍시를 구하려고 고심하다가 행여나 하는 마음에서 뒤뜰 감나무 밑에 가서 감잎을 헤쳐 보니 성한 홍시 두 개가 있어 시어머니에게 갖다 드렸더니, 그걸 잡숫고 시어머니 병이 씻은 듯이 나았다.

송종섭(宋宗燮)의 처 청주김씨(淸州金氏)

1875년(고종 12)~1896년(건양 1), 달채(達采)의 딸로 여산인(礪山人) 송종섭(宋宗燮)의 처이다.

성품이 온순하고 품행이 정숙했으며 효성이 지극했다.

출가하여 시부모를 효성으로 받들고 남편을 공경하며 친척간에 화목이 돈독하니 현부라고 칭송했다.

송씨효열록(宋氏孝烈錄)

시집온 지 불과 1년 만에 남편이 중병으로 신음하자, 백방으로 약을 구해 지성으로 치료했으나 보람없이 병세는 더욱 악화되어 갔다.

밤이면 목욕재계한 뒤 정화수를 떠놓고 칠성님께 남편을 구하고 자기를 대신 죽게 해 달라고 간절히 기도드렸지만 효험이 없었다.

병세가 돌이킬 수 없을 지경에 이르러 손가락을 잘라 피를 드리웠는데도 하룻밤을 넘기고 그만 영면했다.

결혼한 지 겨우 1년에 슬하에 혈육도 없이 너무도 기구한 운명했다.

간장이 끊기는 듯한 애절한 울음소리가 귀로는 들을 수 없을 정도로 처량했다.

빈소를 마련하고 삼개월장을 치르기로 하였는데, 하종하기로 뜻을 굳힌 부인은 생시에 못다 바친 정성을 마지막으로 쏟아 주야로 빈소를 떠나지 않고 지키다가 장례의 전날 저녁에 간단한 주과로 전제를 올린 후 빈소 옆에 있던 나무에 목을 매어 자결했으니 그때 꽃다운 20세이다.

여산송씨(礪山宋氏)

1876년(고종 13)~1942. 주성(柱成)의 딸로 고령인(高靈人) 신성구(申聲求)의 처이다.

성품이 온순하고 몸가짐이 정숙했으며, 사덕(四德)을 겸비해서 부모를 효성으로 섬기니 사람들은 며느리감으로 탐냈다.

18세 때 출가하여 시부모를 효성으로 받들고 남편을 하늘처럼 섬기며 내조를 충실히 하니 집안이 화합하고 사소한 군소리도 없었다.

몇해 안 되어 슬하에 어린애도 두었고 남부럽지 않게 행복한 나날을 보내 왔는데, 꿈에도 생각지 않은 불행이 닥쳐왔다.

부인이 29세 때 남편이 우연히 병을 얻어 증세가 날로 침중해졌던 것이다.

부인은 남편을 구출하려고 전전긍긍하며 백방으로 구료했으나 백약이 무효하고 시부모의 봉양과 어린애의 양육을 부인에게 떠맡기고 남편은 영영 세상을 등지고 말았다.

즉시 하종하려고 결심하였는데 눈치 챈 친척들이 만단으로 회유하므로 마음을 돌리고 일어나 "시부모를 봉양하고 어린애를 거두는 것이 참된 의리라"하고 장례를 극진히 치렀다.

그 후 남편 생존 때보다 더욱 효성으로 시부모를 정성껏 받들다가 상을 당해서는 예절대로 장례를 치른 후에 삼년 동안 조석 상식과 삭망 제전을 극진히 받들었다.

상기가 지난 후에도 삭망성묘를 10여 년을 계속하니 향당에서 효열부라고 칭찬하고 향교에서 천장을 내렸다.

송규섭(宋圭燮)의 처 충주지씨(忠州池氏)

1879년(고종 16)~1945년. 천한(天漢)의 딸로 여산인(礪山人) 송규섭(宋圭燮)의 처이다.

천성이 온화하고 정숙한 자태에 부덕을 갖추어 얌전한 규수라고 칭찬받았다.

17세 때 출가했는데 시집은 엄격한 시아버지가 계셨고, 가세가 극빈하여서 당장 먹을 식량마저도 없었다.

소녀시절에 키워 온 꿈과는 전연 딴판이었으나 부인은 조금도 실망하지 않고 남편과 함께 밤낮을 가리지 않고 부지런히 일하여 홀로 계시는 시아버지를 극진히 받들며 남부럽지 않게 살아왔다.

그러던 중 불행히도 남편이 병에 걸려 온갖 약을 써도 듣지 않고 증세가 날로 침중해지자 밤이면 하느님께 "남편을 대신해서 이 몸을 죽게 하소서"하고 기도드렸으나 끝내 늙은 시아버지의 봉양을 떠맡기고 숨을 거두었다.

송씨효열록(宋氏孝烈錄)

부인의 나이 겨우 23세, "슬하에 혈육 하나 없으니 살아 무엇하랴. 차라리 죽어 지하에 가서 사랑하는 남편을 섬기리라."하고 하종하려다가 문득 깨닫고 "나마저 죽으면 늙은 시아버지는 누가 받든단 말인가"하고 일어나 초종을 유감없이 치렀다.

시아버지를 남편 생존 때보다 더욱 효성으로 받들며 갖은 고난을 견디고 꿋꿋이 살아왔는데 또 시아버지가 병환으로 신고하기를 수년을 계속하던 중 이질까지 겹쳐서 증세가 매우 위중하게 되었다.

밤마다 목욕재계하고 천지신명께 지성으로 기도드려 신의 계시로 영약을 얻어 병을 완치케 했으며, 몇 해 후가 지나 또 등창으로 고름이 나고 악취를 풍겨 사람이 가까이하지 못했으나 부인은 거리낌 없이 수 개월간 고름을 빨아내어 낫게 하였다.

천수를 누리고 별세하자 상장을 어김없이 치르고 근검으로 치산하여 종질을 양자로 맞아 훌륭히 가르쳐 가문을 잇게 하니 유림에서 천장을 내렸다.

송병연(宋秉淵)의 처 경주이씨(慶州李氏)

1882년(고종 19)~1959년. 상호(相昊)의 딸로 남양인(南陽人) 송병연(宋秉淵)의 처이다.

천성이 정숙하고 슬기로워 부덕을 잘 닦아 출가해서는 시부모를 극진히 모셨고, 남편을 귀빈 대하듯이 공대하였으며, 친척 간에 화목하여 부인의 부덕에 칭찬이 자자하였다.

얼마 후 남편이 병을 얻어 여러 해를 신고하니 백약으로 구완에 힘쓰며 신령님께 기도하기를 자기 몸을 대신해 달라고 하였다.

남편의 병이 위급해지자 손가락을 잘라 주혈도 하고 허벅지살을 도려 내어 약으로 쓰는 등 최선을 다하여 치료에 힘쓴 보람도 없이 남편은 그대로 별세하고 말았다.

애통망극하여 "남편은 하늘이라, 하늘이 무너졌으니 어찌 홀로 살기를 기하리오"하고 즉시 하종을 결심하고 식음을 전폐한 지 3일이 지났다.

그러나 "부인이 하종하면 어린것들은 누가 기르며 선조의 제사는 누가 받들겠는가"하는 친척들의 간곡한 만류로 겨우 마음을 돌리고 애통함을 참으며 치상 범절을 예도에 따라 정중히 하였다.

3년상을 마친 후에도 미망인을 자처하여 몸치장을 모르고 오로지 길쌈을 부지런히 하여 치산에 힘쓰며 자녀 교육에 정성을 바쳐 가성을 떨치니 열부의 칭송이 널리 퍼졌고 부인의 행적은 후세에 길이 귀감이 되었다.

여산송씨(礪山宋氏)

1883년(고종 20)~1961. 명호(命浩)의 딸로 창원인(昌原人) 박채호(朴采顥)의 처이다.

천성이 착하고 온유하며 부모에게 효성이 지극하여 칭찬을 많이 받았다.

출가해서는 시부모를 극진히 섬기고 남편에게 공손히 대하며, 여자의 도리에 어긋남이 없이 두루 잘하니 가정이 화평하였다.

부인은 시부모가 즐기는 음식은 반드시 마련했으며, 의복 또한 철에 맞추어 적절히 해 드렸고 아침저녁으로 문안인사를 시종여일하게 했으며, 추호도 시부모에게 불편함이 없도록 각별히 모시니 칭송이 자자하였다.

그러던 중 시아버지가 위병으로 신음하게 되어 매양 산 물고기를

송씨효열록(宋氏孝烈錄)

원하는데, 때마침 추운 겨울이어서 강에 나가 물고기를 구하기는 어려운 일이었으나 오직 시아버지의 회복을 하늘에 빌며 간절히 한 마리의 물고기를 원하니, 홀연히 물속에서 물고기가 뛰어올라와 그것을 잡아다 시아버지에게 드렸더니 몇 해 동안 신음하던 위병이 완쾌되었다.

이 소문이 널리 퍼져 칭송이 자자하였다.

고흥군 동강면에 효부비가 세워졌다.

송주도(宋柱燾)의 처 보성오씨(寶城吳氏)

1887년(고종 24)~?. 상호(相浩)의 딸로 여산인(礪山人) 송주도(宋柱燾)의 처이다.

어려서부터 천성이 유순하고 언행이 정숙했으며, 여공(女工)에 뛰어났을 뿐 아니라 부덕이 있어 남의 귀감이라고 칭송을 받았다.

17세 때 출가했는데 시가에는 시부모가 계신데다 너무 가난하여 당장 끓일 양식 한 톨이 없었다.

부인은 조금도 실망하는 빛을 보이지 않고 모든 것이 나의 운명이라고 자신을 채찍질하며 살림을 일으키기로 결심했다.

새색시 몸치장도 아랑곳없이 낮이면 남편을 도와 들일하고 밤이면 길쌈과 삯바느질 등을 부지런히 하여 살림을 꾸려가며 시부모를 효성으로 섬기니 살림도 차츰 늘어나고 가정이 화목해졌으며, 동네 사람들은 현부라고 칭송이 자자했다.

그러던 중 건장하던 남편이 우연히 병이 들어 몸져눕게 되자 부인은 만사를 제쳐놓고 남편의 병간호에 신경을 곤두세웠다.

잠시도 곁을 떠나지 않고 백방으로 약을 구해 치료했으나 효험이 없었다.

밤중에 정화수를 길어다 마시게 하면 나을 것이라는 말을 듣고 부인은 밤마다 정화수를 길어다 하느님께 기도드리고 남편에게 드리기를 3년, 그 동안 하루도 거르는 날이 없었다.

부인의 정성에 신명이 도왔는지 남편의 병세가 다소 회복의 기미를 보이다가 몇 해 후에 다시 도져 끝내 세상을 뜨고 말았다.

그 때 부인은 겨우 29세, "슬하에 혈육이 없으니 마땅히 남편의 뒤를 따라야 한다"하고 하종하려다가 고쳐 생각하니 "시부모를 받들고 살면서 양자를 세워 가문을 잇게 하는 것이 나에게 맡겨진 임무라"싶어 초종을 극진히 치렀다.

시부모를 남편 생존 때보다 더욱 효성으로 섬기고 양자를 세워 가문을 잇게 하니 효열부라고 칭송이 자자하여 유림이 천장을 내렸다.

여산송씨(礪山宋氏)

1887년(고종 24)~1945년. 봉호(鳳浩)의 딸로 고흥인(高興人) 류홍근(柳洪根)의 처이다.

어려서부터 효녀라고 칭찬을 받으며 자랐으며, 출가한 후 시부모를 지성으로 봉양하고 남편을 공대하여 섬겼다.

시어머니가 중풍으로 손발을 못 쓰므로 부인은 항시 그림자같이 곁에서 모시면서 치료에 힘쓰고, 변비로 대변이 불통하자 손가락으로 파내며, 오물의 청소와 세탁 등을 다른 사람에게 맡기지 아니하고 손수 도맡아서 처리했다.

가세가 기울어지자 큰집 맏동서 정씨(鄭氏) 댁에서 모시고 치료하면서 낮이면 약을 구하고 밤이면 기도드리는 등 온갖 정성을 다했고, 병세가 기울어지자 미음을 먹여 드렸다.

또 시아버지가 학질에 걸려 고생할 때 부인의 현몽으로 신약을 얻어서 큰 효과를 보았으며, 시부모의 상을 당해서는 남편을 도와 상장을 모두 정성껏 마쳤다.

부인의 효성에 대해 하느님이 감응하였다 하여 칭찬이 자자하더니 그대로 묻어 버릴 수는 없다 하여 향리에서 천양하고 기적비(紀蹟碑)도 세웠다.

여산송씨(礪山宋氏)

1891년(고종 28)~1973년. 기은(基殷)의 딸로 봉산인(鳳山人) 이재형(李在衡)의 처이다.

16세의 어린 나이에 출가했으나 평소에 여공을 익히고 부도를 갖추었으므로 시집을 섬기는 데 조금도 부족함이 없었다.

시부모를 효성으로 섬기고 남편을 공경하며, 살림을 규모 있게 꾸려 나갔다.

그러나 예기치 않았던 불운이 덮쳤으니, 시집온 지 불과 몇 달이 안 되어 본래 신병으로 고생하던 남편의 병세가 위독하게 되었다. 부인은 온갖 정성을 기울여 백방으로 구료하고 하느님께 기도드려 "이 몸이 대신 죽게 하고 남편을 구해 주소서"하고 축원도 하였으나 끝내 성이 무너지는 아픔을 겪고 말았다.

즉시 하종하여 지하에서 남편을 섬기려고 식음을 전폐하고 누웠다가 의지할 곳 없는 노시부모의 딱한 처지를 생각하여 차마 죽지 못하고 억지로 일어나 초종을 극진히 치렀다.

시부모를 남편 생존 때보다 더욱 효성으로 받들었는데 시어머니가 설사병으로 장장 7년을 신고했으므로 백방으로 약을 구해 시탕하고, 오물이 묻은 의복을 날마다 세탁하여 갈아입히며, 변을 맛보아 증세를 헤아리기를 시종여일하게 하였다.

송씨효열록(宋氏孝烈錄)

시모상을 당해서는 몸이 야위도록 슬퍼했고 기년 상기를 여막에서 치렀다.

시아버지를 더욱 치성으로 받들고 감지의 봉양을 극진히 하다가 천수를 누리고 세상을 하직하자 초종을 전상대로 치르고, 조카를 양자로 세워 가통을 잇게 하니 향당에서 효열기를 찬했다.

송종근(宋鍾根)의 처 광산김씨(光山金氏)

1893년(고종 30)~1974. 범수(範洙)의 딸로 진천인(鎭川人) 송종근(宋鍾根)의 처이다.

어린 나이에 출가하여 딸 하나를 낳고 난리 속에서 남편을 잃었는데, 청춘에 과수가 된 부인에게는 엄격한 시부모의 무서운 단련이 계속되었다.

한 평생을 남편 없이 혼자 가정을 지켜가야 할 역군에게 그 심정을 몰라 주는 듯한 처사가 한두 번이 아니었으므로 섭섭했으나 부인은 꿋꿋하였다.

외딸을 등에 업고 논으로 밭으로 남자로서도 벅찰 농삿일을 거뜬히 해내었고, 산으로 들로 마른일 진일 가릴 것 없이 열심히 하여 연로하신 시부모를 편안하게 봉양하였다.

자신의 고통을 슬기롭게 해결하고 이웃이나 종족 간에는 더없이 착하였어도 오직 왜인(倭人)에게만은 그 이상 강경할 수가 없었다.

어느 날 그 얄밉던 왜인들이 농산물을 시찰한답시고 전답(田畓) 가에 나타났는데, 마침 부인의 논에는 여자 혼자 짓는 농사이기에 자연 피가 많았다.

왜인이 피를 뽑는다며 논에 들어가자 부인이 정색을 하고 큰 소리로 왜인을 꾸짖고 막대기로 왜인의 허리를 후려쳐 내몰면서 "우리나라의 역적인 네놈들에게 피 뽑아 달라 하지 않고 내 나라 내 곡식은 내 힘으로 가꾸겠다"고 했다.

홍주송씨(洪州宋氏)

1896년(건양 1)~1979. 희진(希鎭)의 딸로 밀양(密陽) 박영하(朴永夏)의 처이다.

천성이 유순하고 어릴 때부터 부모에게 효성을 다했으며, 출가하여서는 시부모를 친부모 못지않게 극진히 섬기고 남편을 귀빈 대하듯 공경하며 그 뜻에 순종했다.

그러나 남편은 부인과 잠자리를 같이하지 않으니 부인은 공방생활(空房生活)을 해야만 했다.

이렇게 8, 9년간 소박을 당하면서도 더욱 부도를 다하자 남편도 끝내 감동되어 번연 회오하고 동거(同居)하게 되었다.

그러나 동거한 지 겨우 3년 만에 남편이 병을 얻어 자리에 눕게 되었다.

부인은 백방으로 약을 구해 구완에 힘쓰고 밤이면 정화수를 떠놓고 천지신명께 자기를 대신해 달라고 축원했으나 남편은 끝내 눈을 감고 말았다.

그때 부인은 27세로 꽃다운 청춘이었다.

졸지에 성이 무너지는 슬픔을 당한 부인은 즉시 하종하려 하다가 위로 아들을 잃고 상심하시는 시부모가 계시고, 아래로 강보에 싸인 어린것과 또 뱃속의 어린생명이 있으니 차마 따라 죽을 수가 없었다.

부인은 정신을 가다듬고 일어나 남편의 상장을 예제에 따라 엄수하고 시부모 봉양을 극진히 하며 두 어린 것을 거두어 길러 가문을 훌륭히 이었다.

27세의 젊은 과부로 끝까지 절개를 지키면서 가문을 지키다 84세로 세상을 떴다.

송태옥(宋泰玉)의 처 청주한씨(淸州韓氏)

1896년(건양 1)~?. 우석(尤錫)이 딸로 남양인(南陽人) 송태옥(宋泰玉)의 처이다.

품성이 단아 정숙하여 어렸을 때에도 부모에게 효성이 지극하더니, 자라서 출가한 후에도 시부모에게 효성이 지극했고 남편 섬김에 공경을 다하니 온 가정이 화기가 충만하였다.

그러던 중 남편이 집을 나가 타향살이 여러 해 동안에 재취까지 하였으니 심히 딱한 사정이었으나 조금도 내색을 않고, 시부모의 봉양과 봉제사 등에 정성을 들이는 한편, 농사일이며 길쌈에 힘쓰고 근검절약하여 살림을 꾸려 나가면서 부도에 어긋남이 없었다.

그러던 중에 뜻밖에 남편이 객지에서 죽었다는 부음을 듣고 달려가서 치상을 하되, 시체 운구가 어려웠으므로 그곳 타향에 가장하였다가 다음 기년에 다시 수백 리를 도보로 천신만고 끝에 유해를 수습하여 머리에 이고 오면서 사람이 알까 두려워 낮이면 숲속에 감춰두고 밤으로 운구해 와서 고토에 안장하였다.

그 후에도 시부모를 더욱 잘 봉양하더니 전후 두 차례의 상을 당해서는 애통해 하면서도 예제에 따라 정중히 장제를 치르고 치산에 힘쓰면서 어린 아들을 올바르고 쓸모있게 거두어 기르고 가르쳐 조상을 받들어 가문을 이었다.

송주립(宋柱岦)의 처 밀양박씨(密陽朴氏)

1897년(광무 1)~?. 형래(亨來)의 딸로 여산인(礪山人) 송주립(宋柱岦)의 처이다.

명문의 후예로 태어나서 부덕을 익히고 얌전하게 자라 나이 겨우 15세에 출가했는데, 집안이 빈곤하여 끼니를 이어가기조차 어려웠으나 시부모 봉양에 지극한 정성을 들이고 남편 공대를 성심껏 했으며, 자녀교육에도 남다른 성의를 쏟았다.

형제간에 우애가 돈독해서 항사 화락하게 살면서 친척 간에는 화목을 도모하기에 힘쓰고 조상의 봉제사를 지극히 하였으므로 근방의 많은 사람들로부터 칭찬을 받더니 사림에서 천양하였다.

여산송씨(礪山宋氏)

1898년(광무 2)~?. 대인(大仁)의 딸로 인동인(仁同人) 장용규(張庸圭)의 처이다.

어려서부터 천성이 온후하고 슬기로워 부모를 지성으로 섬기었고, 어른을 공경하며 인자한 마음으로 사람을 대했다.

17세에 출가하니 시가에는 시부모가 계신데다 지극히 가난하였으므로 빚이 산더미처럼 쌓여 거기서 헤어날 도리가 없었다.

그러나 부인은 조금도 어려운 기색을 보이지 않고 길쌈과 삯바느질 등을 쉴 새 없이 하여 생계를 유지하며, 선영을 정성껏 받들고 시부모를 지성으로 봉양했다.

아무리 어려워도 시부모가 원하는 것이 있으면 기어이 구해다 드렸고, 끼니마다 밥상에는 고기반찬이 끊이지 않았다.

남편을 공경하며 순종하고 일가간에 화목하며 시동기간에 우애가

송씨효열록(宋氏孝烈錄)

돈독할 뿐만 아니라 자식들을 올바르게 훈계하고 지도하여 문호를 부지하니, 인근에서 타의 모범이 된다고 칭송이 자자하였다.

송 걸(宋 杰)의 처 언양김씨(彦陽金氏)

1899년(광무 3)~?. 영국(榮國)의 딸로 여산인(礪山人) 송걸(宋杰)의 처이다.

16세에 출가하여 부덕을 다하니 시조부모가 부인의 우아한 행실을 지극히 사랑했고 집안이 화목했다.

시조부모와 시부모가 계신 층층시하에서 양지(養志) 양체(養體)를 시종여일하게 했고, 양대(兩代) 사상(四喪)과 또 남편상을 당하여 도합 십오 년간을 지성으로 거상하고 삭망 상식에 곡소리가 끊이지 않았다.

시조모가 노환으로 4년간 신고할 때는 기거가 불능했으므로 와병 중 눈 붙일 사이도 없이 지성으로 간병했으며, 부인의 두 손가락에 화상을 입은 흉터가 있는데 이것은 시조부모를 공양하느라 생긴 것이다.

연세가 많아 노경에 접어들면서도 제사 때는 반드시 목욕재계하고 제수를 장만하며 하룻밤을 꼬박 지새우면서 조상을 추모했다.

또 성묘갈 때는 반드시 주과포(酒果脯)를 갖추어 들고 가서 살아 계실 때처럼 정성껏 섬겼다.

부인은 이백 가구의 종손부로 어릴 때부터 만년에 이르기까지 그 효성이 시종여일했고 종족끼리는 화목을 도모했다.

영광정씨(靈光丁氏)

1900년(광무 4)~?. 지수(智秀)의 딸로 여산인(礪山人) 송안종(宋安鍾)의 처이다.

송씨효열록(宋氏孝烈錄)

어려서부터 품성이 정숙하고 부덕을 닦아 부모에게 효성이 지극했다.

18세 때 출가하여 시부모에게 효도하고 남편을 예의로 섬겨 행복을 누리며 살아왔다.

시집온 지 몇 해 안 되어 남편이 병을 앓아 자리에 눕게 되자, 새색시의 스스러움도 아랑곳없이 물불을 가리지 않고 백방으로 쏘다니며 약을 구해 치료하고, 밤이면 하느님께 기도드려 남편의 회생을 기도했으나 끝내 성이 무너지는 아픔을 겪고 말았다.

"슬하에 혈육 하나 없으니 살아 무엇하리오. 차라리 임을 따라 지상에서 못다 한 인연을 구천에 가서 다하리"하고 하종하려다가 "내가 죽으면 10대 종사는 누가 맡을 것인가"하고 번연히 일어나 상장을 어김없이 치렀으니, 그때 나이 겨우 스물 하나였다.

남편을 대신해서 안팎살림을 도맡아하면서 시부모를 받들고 종질을 양자로 맞아 선영의 향화를 받들게 하고 근검으로 치산하여 가세를 일으켰다.

신평송씨(新平宋氏)

1903년(광무 7)~?. 환준(煥俊)의 딸로 영월인(寧月人) 신승찬(辛承纘)의 처이다.

어려서부터 효성이 지극하여 효녀라고 칭찬이 자자했다.

출가하여 시부모를 친부모와 다름없이 효성으로 받들면서 맛좋은 음식으로 몸을 봉양하고 혼정신성(昏定晨省)과 출고반면(出告反面)으로 마음을 편안하게 해 드렸다.

불행히도 남편을 일찍 여의고 애통해 하며 염빈과 장례를 치름이 예절에 어김이 없이 하여 많은 사람을 감동시켰다.

남편을 대신해서 시부모를 받들고 살림을 꾸려 가면서 모든 일을 시부모에게 품의해서 처리하고, 시아버지가 술을 즐겨하니 집에다 술을 빚어 놓고 끊임없이 드시게 했다.

시어머니가 만년에 풍증으로 1개년을 몸져 누워있을 때는 백 방으로 약을 구해 시탕하고 대소변을 받아내며, 오물 빨래를 시종여일하게 꺼리는 기색이 없이 하였다.

끝내 상을 당해서는 염빈과 장제를 예절대로 하니 열부라고 칭송이 자자하였다.

송진심(宋進心)

1906년(광무 10)~?. 여산인(礪山人) 유익(惟翊)의 딸, 의령인(宜寧人) 남상태(南相泰)의 처이다.

충효의 가문에 태어나 성품이 온순한데다 어려서 훌륭한 가정교육을 받았다.

출가해서는 홀시모를 정성을 다하여 섬기고 남편을 공경으로 받들어 그 뜻을 어기지 않았으며, 시누이와 동서들 사이에도 화목하게 지내어 단란한 가정을 이루었다.

그러나 얼마 안 되어 부군이 무거운 병을 얻어 일년 넘게 고생하게 되자 온갖 약을 다 썼고 단을 쌓아 하늘에 빌기를 50일이 넘었다.

아무런 효험도 얻지 못하고 병은 점점 위중하여 결국에는 숨지려 하자 손가락을 깨물어 피를 먹이니 잠시 눈을 뜨고 몇 마디 말을 하고는 끝내 숨을 거두고 말았다.

그때 겨우 29세라 애통함을 누르고 남편의 장례를 치른 후 몇 개월 만에 또 시모가 병을 얻어 신음하매 백방으로 치료하였다.

처음엔 효력을 보아 한 일 년 편안히 보내더니 본병이 중풍으로 변했다. 온 몸을 움직이지 못하고 대소변마저 불통(不通)하여 항시 죽침(竹針)으로 배출시켰는데, 시모는 결국 그 병으로 별세하고 말았다.

이와 같이 기구한 일을 한꺼번에 겪으면서도 자식을 착하게 가르쳐 가문을 일으키게 하니, 부인은 과연 효(孝)와 열(烈)을 온전히 하였다고 할 수 있다.

송진석(宋進錫)의 처 고령신씨(高靈申氏)

1907년(융희 1)~?. 방휴(芳休)의 딸로 여산인(礪山人) 송진석(宋進錫)의 처이다.

부인이 18세 때 출가했는데 시집에는 90세 되는 시조부와 70세 되는 시부모가 계시고 가세가 청빈해서 입에 풀칠도 제대로 못할 형편인데, 23세 때 불행히도 남편마저 여의고 말았다.

이와 같은 어려움은 겪어 보지 못한 부인이었지만 조금도 실망하지 않고 생전에 해 보지 않던 일도 서슴없이 했다.

즉 낮이면 들일하고 밤이면 길쌈을 부지런히 하여 남은 식구들은 악의악식을 하면서도 시부모에게는 항시 좋은 반찬과 따스한 밥으로 공양하고 철이 바뀌면 새 옷을 지어 드렸다.

시부모의 뜻을 어기는 일이 없었고, 살림의 대소사를 모두 시부모의 승낙을 얻어 처리하며, 혼정신성(昏定晨省)을 거르는 일이 없었다.

선영 봉사를 극진히 하고 아무리 어려워도 손님 접대를 소홀히 하지 않으니 현부라고 칭송이 자자했고, 송씨문중에서 상을 주어 표창했으며, 군수(郡守)의 표창과 향교의 천장이 내렸다.

송씨효열록(宋氏孝烈錄)

은진송씨(恩津宋氏)

1910년~?. 조달(造達)의 딸로 나주인(羅州人) 임남규(林南圭)의 처이다.

천성이 온유하고 효성이 지극하여 부모를 공경할 뿐 아니라 동기간에 우애가 두텁고 친척과 이웃 사이에 화목하여 칭찬이 자자하더니, 임씨(林氏) 가문에 출가한 후에는 시부모를 공경하고 부군을 잘 받들어 단란하게 살아갔다.

그런데 부군이 병들어 눕게 되자 부인은 잠시도 옆을 떠나지 않고 정성껏 시탕하면서 구완에 힘썼으나 효험을 보지 못하여 병세가 날로 악화되어 위독해지자 손가락을 잘라 흐르는 피를 드려 잠시 소생케 하였다.

그러나 끝내 부군이 세상을 떠나니 부인은 장례를 마친 다음 부군의 뒤를 따라 순절하려고 했으나 뜻을 돌이켜 혼자서 집안 살림을 꾸려가면서 늙은 시부모를 지성으로 모시고 어린 자식을 훌륭히 키웠다.

송옥례(宋玉禮)

1910년~?. 진천인(鎭川人) 영구(英耉)의 딸로 고흥인(高興人) 류희봉(柳熙鳳)의 처이다.

어려서부터 천성이 온순하고 인자해서 부모에게 효성이 극진했으며, 예의범절이 정숙했으므로 이웃간에 칭송이 자자했다.

출가해서 시부모를 친부모 섬기듯 정성으로 봉양하고 남편을 공경하니, 시부모가 귀여워하고 집안이 단란하며 행복한 나날을 보냈다.

그러나 얼마 안 가서 시아버지가 노환으로 자리에 눕게 되어 병세가 날로 침중해지자, 부인은 잠시도 시아버지 곁을 떠나지 않고 약을 달여 드리며 대소변 받아 내는 일, 오물 빨래 등을 남에게 맡기지

송씨효열록(宋氏孝烈錄)

않고 손수 했다.

부인의 정성어린 간호도 보람없이 시아버지가 돌아가시자 예절을 갖추어 장례를 치렀다.

불운은 더욱 세차게 몰아쳐 시아버지를 여읜 슬픔이 채 가시기도 전에 남편이 몸져 눕게 되어 약을 써도 효험이 없이, 부인에게 늙은 어머니 봉양과 어린 남매의 양육을 맡기고 죽었다.

부인의 애통해 함이 예절에 넘쳤고 처절한 모습에 조객들도 눈물을 흘렸다.

예절을 갖추어 장례를 치르고 양위의 영위에 조석 상식을 정성들여 올리고, 부지런히 일하여 시어머니를 공양하며 어린 남매를 길러 훌륭하게 성장시켜 최고학부를 나와 사회에 진출토록 했다.

송대식(宋大植)의 처 청송심씨(靑松沈氏)

1911년~?. 경택(烱澤)의 딸로 신평인(新平人) 송대식(宋大植)의 처이다.

어려서부터 명문의 후예답게 정숙하고 글공부에 뛰어났으며, 홀로 되신 어머니께 효도를 하여 향리에서 효녀의 칭찬이 자자하더니, 부덕을 닦고 모든 예절을 쌓아 17세에 출가하였다.

타고난 효심으로 시부모에게 정성껏 효도하고, 남편에게 공손하였으며, 치산에 힘써 가산이 흥하여 가던 중 불행하게도 남편이 병을 얻어 신음하게 되었다.

백방으로 약을 구하고 의원을 맞아다 치료에 힘쓰는 한편 새벽이면 목욕재계하고 하늘에 빌었으나 보람도 없이 타계하고 말았다.

27세의 젊은 나이로 청상과부가 된 부인은 애통함을 참고 노시부모를 위로해 드리면서 예제에 따라 복상을 마치고, 더욱이 효성을 다하여 시부모를 섬기며 두 딸의 교육에 정성을 기울였다.

더욱이 시부모의 뜻과 몸을 잘 받들어 천수를 누리게 하였으며, 두 딸아이의 성장을 유일한 낙으로 삼고 부지런히 치산에 힘써 40년의 세월을 정절을 지키었으니, 고을에서 칭송이 높았다.

송옥기(宋玉棋)의 처 진원박씨(珍原朴氏)

1931년~?. 노진(璐鎭)의 딸로 남양인(南陽人) 송옥기(宋玉棋)의 처이다.

천성이 현명하고 정숙하며 어려서부터 부모에게 효도하고 부덕을 잘 닦더니, 17세에 출가해서 시부모를 극진히 모시고 남편을 귀빈 대하듯이 공대하였다.

19세 되던 해에 남편이 우연히 병을 얻어 백약이 무효하자 백방으로 의약을 구하여 치료에 만전을 기하였으며, 자정이면 뒤뜰에 정화수를 떠놓고 신령님께 기도하기를 자기 몸을 대신해 달라고 간절히 하였으나 끝내 세상을 뜨고 말았다.

부인은 애통함을 이기지 못하여 즉시 하종을 결심하였으나 위로는 시부모가 있고 슬하에는 어린 것이 있음을 생각하여 마음을 돌이켜 장제를 예절에 따라 엄수하였으며, 탈복 후에도 미망인으로 자처하고 더욱더 시부모께 효도하고 자식을 잘 양육시켜 남편의 후사를 이었으며, 혹 누가 재혼을 권유하면 한마디로 "금수 같은 행동은 할 수 없다"고 물리쳐 송죽과 같이 절개를 지켜왔다.

마을에서 열부의 칭찬이 자자하고 향리의 사림에서 부인의 열행을 널리 천양하였다.

송씨효열록(宋氏孝烈錄)

송개순(宋介順)

여산인(礪山人) 봉주(奉柱)의 딸로 영광인(靈光人) 정맹현(丁孟鉉)의 처이다.

어려서부터 유순하고 정숙하여 부모에게 효도하고 형제간에 우애하여 칭찬을 많이 받았다.

18세에 출가하여 불과 5일만에 남편이 급환으로 갑자기 세상을 뜨고 말았다.

애통망극함은 물론 시댁의 모든 사람들을 대할 면목이 없어 따라 죽기로 작정하였으나 홀시어머니를 누가 모실 것이며 시동생을 누가 뒷바라지 할 것인가 생각하여 번연 회심하고 살림이 무척 궁핍한 가운데도 시어머니를 극진히 모시고 시동생을 잘 쓰다듬어 길렀다.

낮이면 여자로서 감당하기 힘든 농역을 하고 밤이면 길쌈하는 등 열심히 일하며 치산에 힘써 시동생을 성취시켰다.

사람들이 개가할 것을 권고하였으나 단호히 물리치고 백옥 같은 절개를 지키며 오로지 남편의 후사와 시어머니 봉양에 힘써 오던 중 다행히 시동생의 맏아들을 양자로 맞아 남편의 뒤를 잇고 더욱더 치산에 힘쓰니 고을에서 칭송이 자자하였다.

송원금(宋元金)

여산인(礪山人) 삼섭(三燮)의 딸로 성산인(星山人) 배춘섭(裵春燮)의 처이다.

충효가문의 후예로 태어나서 어려서부터 특이한 성격을 가졌으며, 부모를 섬기는 도리와 애친경장의 법도를 잘 알아서 행하였다.

나이 어려서 시집왔으나 가세가 빈곤하였으므로 근면하게 일하여 위로 80세 되는 늙은 시어머니를 잘 모셔야 했고 아래로 어린것들을 보살펴야 했다.

낮이면 남의 집 품팔이를 일삼고 밤이면 밤잠을 거르면서 길쌈을 하면서도 시어머니를 모시는 일에 허술함이 없었다.

고되고 쓰라린 삶이었으나 조금도 내색하지 않고 더욱 부지런히 일하면서 아들을 올바른 사람으로 거두어 기르고 가르쳐서 가문을 지켜 나갔으므로 향리의 모든 사람들이 칭찬하였고, 사림(士林)들의 천장과 마을에서 표창이 내렸다.

여산송씨(礪山宋氏)

여산인(礪山人) 영철(榮喆)의 딸로 장흥인(長興人) 고광엽(高光曄)의 처이다.

천성이 정숙하고 어려서부터 효성이 지극하더니 시집와서는 남편을 지극히 공경하고 늙은 시아버지를 지성으로 봉양하였다.

가세가 극빈하여 생활이 어려웠으나 조금도 내색을 하지 않고, 시집올 때 가지고 온 의류를 팔아서 봉양하며 근면성실하게 살림을 꾸려가고, 엄동설한에 시아버지의 이불이 없으므로 길쌈하여 먼저 만들어 드리고 난 후에 비로소 자기도 이불을 덮었다.

그 고을 사림(士林)에서 모두 효부라고 칭찬하고 천양하였다.

여산송씨(礪山宋氏)

식호(式浩)의 딸로 고령인(高靈人) 신철구(申哲求)의 처이다.

어려서부터 효성이 지극하여 향리에서 이르기를 "세상 사람이 본받을만한 효녀"라 하였다.

18세에 출가하여 보니 시집이 심히 가난하였으나 조금도 불평의 기색을 나타내지 않고 발 벗고 나서서 남의 집 품을 팔고 길쌈하여 시부모 봉양을 소홀함이 없이 하였다.

송씨효열록(宋氏孝烈錄)

부인의 노력에도 남편이 술을 좋아하므로 가난은 갈수록 더해만 갔다.

부인은 여름이면 보리이삭 줍기, 가을에는 벼이삭 줍기를 하여 식량에 보태고, 급기야는 문전구걸을 하여 노시부모를 봉양해야 하였다.

이러한 부인의 효성에 감동한 동네 사람들이 동정도 많이 했다.

여전히 술만 좋아하고 가사를 돌보지 않는 남편을 눈물로 간하여 착한 사람이 되라 하며, 뼈가 으스러지도록 부지런히 일하면서 남편을 원망 않고 그 뜻을 받들어 공대하니, 이러한 덕행이 사회에 미치어 향리의 귀감이 되었다.

송씨 독립운동가

宋氏獨立運動家

송강선(宋剛瑄)

전북 옥구군 사람으로 1919년 11월 임시정부의 조사원으로 임명되어 전북 옥구군 지역의 조사업무를 담당하여 실행하였다.

송경도(宋景道)

1929년 정미조약을 반대하여 경남 산청에서 거의하여 의병 일대를 영솔하고 산청 일대에서 일군과 항전하였다.

송경석(宋庚錫)

1929년 11월 3일 광주학생사건에 가담하여 일본 제국주의 타도와 대한독립만세를 외치다 일경에 피체되어 옥고를 치른 학생이다.

송경연(宋京燕)

황해도 겸이포 사람으로 1919년 3월 3일 오후 9시 겸이포에서 천도교인 30여 명이 주동하고 군중 2백여 명이 호응하여 독립만세 시위운동을 거행한 뒤 주모자로 피체되어 동년 7월 5일 고등법원에서 1년형을 받고 옥고를 치렀다.

송경회(宋敬會)

1907년에 보성군 복내면 반곡리에서 안계홍(安桂洪) 등과 거의하여 안계홍을 의병대장으로 추대하고 휘하의 좌우익부장으로 보성, 장흥 등지에서 구국항일전을 전개하여 청파대첩, 진안대첩, 원봉산대첩 등에서 전과를 거두었다.

1977년 12월 13일 건국공로 포장을 추서하였다.

송경희

전남 보성군에서 일제의 침략에 항거하여 창의한 의병대장 안계홍(安桂洪) 휘하에서 좌우익장으로 활약하였다.

송계백(宋繼伯)

평남 평원군 영악면 사람으로 1919년에 조선 유학생 학우회 회원으로 재일본 동경조선독립 청년단 2.8선언 때 임시실행위원으로 국내에 밀파되었다.

이에 2월 8일 독립선언서에 서명하고 피체되어 소압형무소에서 복역중 병사, 순국하였다.

1962년 3월 1일 건국공로 국민장을 추서하였다.

송공위(宋公胃)

위원군 풍산면 사람으로 독립군으로 활동하다가 왜경에게 피체되어 징역 2년을 복역하였다.

송관섭(宋瓘燮)

함북 경성군 경성면 사람으로 1919년 4월 대한민국연통제 함북 독판부에서 활약한 공적으로 1977년 12월 13일 건국공로 포장을 추서하였다.

송광춘(宋光春)

본적은 전라북도 순창군 쌍치면 금평리이며, 당년 23세로 농업에 종사하였다.

1919년 3월 10일 광주장날을 이용하여 김복현(金福鉉), 김강(金剛), 서정희(徐廷禧), 송흥진(宋興眞), 한길상(韓吉祥), 최한영(崔漢泳), 김용규(金容奎), 김종삼(金鍾三) 등이 주도하여 군중 수천 명을 동원하여 독립만세 시위운동을 거행할 때 참가하여 시위운동을 진행하다 피체되어 1919년 4월 30일 광주지방법원에서 보안법위반 죄명으로 징역 10월형을 받고 복역하였다.

송광휘(宋光輝)

평양 사람으로 1919년 3월 1일 평양에서 고종황제 봉도식과 독립선언식을 거행하고 주동자의 한 사람으로 피체되어 옥고를 치렀다.

송구용(宋龜用)

 부친의 지도감화를 받아 조선독립의 목적을 달성에 뜻을 두고 주역을 연구하여 상생상극의 원리에 의하여 가까운 장래에 조선은 반드시 독립될 운명에 있다고 단정하고 이러한 호운도래를 기하여 봉화를 올려서 조선독립을 이룩하도록 미리 친교 있는 동지 4명을 규합하고, 1930년 음력 1월 무명비밀결사를 조직하고 동지규합에 노력하였으며 중일전쟁 발생 이후에도 적극적으로 활약하던 중 1938년 9월 6일 충남 대전서에 무명비밀결사조직 죄명으로 피체되어 취조당하였다.

송귀남(宋貴男)

 전북 임실군 성수면 오봉리 사람으로 1919년 4월 7일 오봉리 후방 산림속에서 지방청년 수명과 같이 주동하여 주민 여러 명과 함께 독립만세 시위운동을 거행하였다.

송규선(宋圭善)

 자(字)는 현백(玄伯)이요, 호(號)는 자광(自光)이며, 본관은 치성(治城)이다.

 춘익(春翼)의 장자로 1880년 12월 20일 경북 고령군 운수면 흑수동에서 출생하여 15세에 부모를 따라 성주군 초전면 고산동 고리로 이주하였는데, 문필이 정묘하여 인근 유림의 칭송이 자자하였다.

송씨독립운동가(宋氏獨立運動家)

1908년 8월에 토지조사국주사 서판임관 4등에 올랐으나 1910년 경술국치를 당하자 그 직을 사퇴하고 귀가하였다.

1919년 3.1독립운동이 전국에 전개됨과 동시에 일어난 유림대표들의 독립청원사건과 관련, 곽종석(郭鍾錫), 장석영(張錫英), 송준필(宋浚弼), 김창숙(金昌淑) 등과 같이 영남유림대표 서명에 앞장섰으며, 4월 2일 선두에서 활약하다가 왜경에게 피체, 대구형무소에서 1년 6월의 옥고를 치르고 출옥하였다.

그 뒤 송인집(宋寅輯)과 더불어 고산동에 동창학원을 설립 운영하여 독립정신을 고취하다가 1년 후에 초전면 소재지로 옮기고, 그후 공립학교로 인계하였으며, 사재를 털어 독립운동군자금으로 헌납하는 등 지하활동을 하는 동안 수차 예비검속을 당하였다.

1945년 8.15 광복후 대종교 선교활동을 하는 한편 유림들과 건국 사업의 계몽활동과 성주군내 각종단체장을 역임하던 중 공산분자의 흉봉에 맞아 서거하여 1948년 4월 27일 향리에서 성주 군민장으로 향리 성주군 초전면 고산동산에 안장하였다.

1980년도에 건국공로 대통령표창을 추서하였다.

송양찬(宋楊讚)

울산군 하상면 사람으로 1919년 4월 4일 하상면에서 이곳 청년회간부 7인이 주동으로 태극기 다수를 만들어 군중 수백명에게 나누어주고 독립만세 시위운동을 거행할 때 적극 참여하다가 일본 헌병과 충돌하여 적탄에 부상당하였다.

송기면(宋箕勉)

충남 서천군 화양면 출신으로 1919년 3.1운동시 동지 고시상(高時相), 양재홍(梁在興), 박재엽(朴在燁), 김인두(金印斗) 등 8명과 모의하여 3월 29일 하오 1시경 마산면 신장시에서 독립선언문을 낭독한 후 수천 명의 군중이 합세하여 독립만세 시위를 전개하다가 유성열(劉性烈), 이근호(李根浩), 나상준(羅相俊), 안여직(安汝直) 등의 동지와 왜경에 구금되었다.

1982년 3.1운동으로 대통령 표창을 받았다.

송기복(宋基福)

홍원 사람으로 1919년 3월 20일 홍원군에서 독립만세 시위운동을 주동하다가 피체되어 동지 5인과 함께 옥사하였다.

송기송(宋基松)

1926년 1월 대한통의부에서 국내로 파견되어 김해 등지에서 군자금을 모으다가 김해서에 검거되어 징역 2년형을 언도받고 옥고를 치렀다.

송기수(宋基洙)

사립영생학교 체조교사로서 1937년 이래 수차에 걸쳐 학생들에게 대하여 지원병제도, 교육령개정 등은 흡사 양돈사업 같은 것으로서 조선인을 장래 전쟁의 희생물로 쓰려는 것이라

하여 수업시간 중에 민족의식을 고취, 선전하였다는 죄로 1938년 4월 함흥서에 검거되어 동년 9월 13일 보안법위반으로 금고 3월에 2년간 집행유예형을 받았다.

송기식(宋基植)

경북 안동군 안동읍 사람으로 천도교 신자였다.

1919년 3월 18일 안동읍 장날을 이용하여 천도교인들과 기독교인들이 합동으로 주동하여 군중 3천여 명과 함께 독립만세 시위운동을 거행하고 피체되어 옥고를 치렀다.

1977년 12월 13일 건국공로 대통령표창을 추서하였다.

송기옥(宋基玉)

전라북도 옥구군 개정면 구암리 사람으로 당시 21세로 구암 기독교회 부속 영명학교 학생이었다.

1919년 3월 5일 구암 기독교회 부속 영명학교에서 기독교인들이 주동하여 독립만세 시위운동을 거행하고 군중 수천 명과 함께 군산으로 행진할 때, 모교 교사인 이두열(李斗悅), 김수영(金洙榮), 박연세(朴淵世) 등의 권유와 지도를 받아 모교 등사판을 이용하여 독립선언서 수천 매과 소형태극기 수천 매를 제작, 배포하는 중 피체되어 동년 3월 30일 광주지방법원 군산지원에서 출판법과 보안법위반 죄명으로 징역 6월형을 받고 항소하여 같은 해 4월 30일 대구복심법원, 6월 12일 경성고등법원에서도 원심대로 판결되어 복역하였다.

송기룡(宋基龍)

전북 정읍군 덕천면 사람으로 1919년 4월 2일 정읍장날을 이용하여 동면의 박재구(朴在求)와 읍내의 도상철(都相喆), 박근수(朴根洙) 등과 같이 주동하여 군중들과 함께 독립만세 시위운동을 거행하고 피체되었다.

송기주(宋基周)

전라북도 옥구군 개정면 구암리 출신으로 당년 30세로 기독교 신자이며, 구암리 기독교회병원 사무원이었다.

1919년 3월 5일 구암리 기독교회 부속 영명학교에서 기독교인들의 주동으로 군중 수백 명과 함께 시위운동을 거행하고 군산으로 행진하다가 주동자의 한 사람으로 피체되어 같은 해 3월 30일 광주지방법원 군산지원에서 보안법위반 죄명으로 징역 6월형을 받고 항소하여 4월 30일 대구복심법원, 6월 12일 경성고등법원에서도 원심대로 판결을 받고 복역하였다.

송기표(宋奇杓)

1919년 3.1운동 직후 평양에서 의용단을 조직하고 각군에 지부를 두고 각처에서 무장활동을 전개하다가 일경에 피체되어 주모자의 한 사람으로 5년을 수형하였다.

송씨독립운동가(宋氏獨立運動家)

송기활(宋琪活)

1900년 12월 27일 전남 완도군 소안면 비자리 1435번지에서 출생, 광주농업학교에서 수학하였다.

1919년 3.1운동시 광주 농업학교 5학년생으로 독립만세시위에 가담하였다가 왜경에 피체되어 4월 30일 대구감옥에 투옥되어 1년간 옥고를 치른 후 1920년 4월 30일 출옥하였다.

출옥 후 정치적 비밀결사 수의위친계의 일원으로 활약하였으며, 배달청년회 중앙과 은밀히 내통하고 활동하였다.

또한 고향인 완도군 소안면에서 일제의 공립보통학교 설립을 거부하고 민족교육을 지향하는데 주안점을 두고 면민의 성금으로 사립중화학원을 설립하고 동지들과 더불어 교편을 잡고 항일교육을 강행하였다.

일제는 이를 해산시키지는 못하고 해군구축함을 섬 근해에 띄워 놓고 바다를 향하여 함포 사격까지 감행하는 등 위협하였으나, 이에 굴하지 않고 항일교육에 전력을 다하였다.

1872년 친형 송내호의 동지 양기탁과의 친분으로 만주의 무관학교를 통하여 총기 및 탄약을 구해 국내 애국단체에 배포하였는데 정남국으로 하여금 전남북 지방을 맡게 하고, 경남북 지방에는 선생이 파견되어 활약하였다.

1926년 12월 전남 완도군 군외면 무학도 사립학교에서 항일교육 중 피체되어 대구감옥에서 옥고를 치르고, 1927년 6월 형집행유예로 석방되었다.

출옥후 비밀결사 일심단을 조직하고 혈서로 맹세한 후 활약하였으며,

1927년 함평에서 안재홍과 조선일보지사를 경영하면서 사립학교를 설립할 것을 추진하던중 감옥에서의 악독한 고문의 여독으로 3월 5일 향년 29세로 타계하였다.

묘소는 전남 완도군 소안면 이남리 가족묘지에 있다.

1966년 광주농업고등학교 명예졸업장을 수여받았으며, 1896년 3.1운동으로 대통령표창을 받았다.

송기휴(宋基休)

전남 고흥군 대서면 사람으로 일명은 송기우(宋基佑)이며, 1907년 가을에 보성군 복내면 반곡리에서 안규홍(安圭洪) 등과 거의하여 의병대장으로 안규홍을 추대하고 휘하의 참모장으로 보성, 장흥 등지에서 구국항일전을 전개하여 많은 전과를 거두었으니 파서대첩, 진산대첩, 의봉산대첩 등은 그 대표적 전과이며, 그 후 계속 항전하다가 전사하였다.

1977년 12월 13일 건국공로 대통령표창을 추서하였다.

송길호(宋吉鎬)

함남 사람으로 3.1운동시 군북면에서 독립만세 시위운동을 주동하다가 피체되어 3년 6월형을 받고 옥고를 치렀다.

송남섭(宋南燮)

자(字)는 화숙(華叔), 호(號)는 만오(晩浯)이며, 참의(參議)

송씨독립운동가(宋氏獨立運動家)

오서(五瑞)의 후예로 전남 고흥 사람이다.

1907년 정미7조약을 반대하여 창의할 뜻을 품고 있던 중 능주 쌍봉사에서 창의하였다는 소식을 듣고 김성택(金晟澤)과 함께 행사(杏史) 양회일(梁會一)을 방문하여 토왜의 계책을 상의하니 양회일 선생은 크게 기뻐하며 말하기를, "해읍열진(海邑列鎭)은 적이 상륙하기에 가장 편리한 곳이니 속히 방어의 계책을 도모해야 한다"고 하므로 김성택과 함께 귀향하는 길로 격문을 발하고 사재를 헐어 의병 수백 명을 모아 김성택으로 의병장을 삼고 각처에서 분전하며 왜군을 사살하였다.

만항접전(萬項接戰)에서 많은 적을 사살한 후 적을 돌산으로 추격하다가 의병장이 김영성(金永聲)이 피체된 후 경술 7월부터는 의병이 도처에서 패전을 거듭하여 부득이 의병을 해산하고 월악산으로 들어가 은거하였다.

송남형(宋南亨)

1926년 봄 임시정부 육군주만참의부 사법주임으로 선임되어 활약하였다.

송내호(宋乃浩)

전남 완도군 사람으로 1919년 3월 15일 완도읍내에서 정남국(鄭南局), 최형천(崔亨天), 신준희(申俊熙), 김경천(金景天), 김경천(金景天), 강정태(姜正泰), 백태윤(白泰胤) 등 기독교인

및 천도교인들과 주동하여 교인 수백 명과 함께 독립만세 시위운동을 거행하고 검속되었다.

뒤에는 대한독립단에 입단하였다.

1963년 3월 1일 건국공로 대통령표창을 추서하였다.

송영섭(宋寧燮)

1919년 8월 전주의 대한국민지부에서 박기영(朴琪永), 박권영(朴勸永), 김영호(金永浩), 이창수(李昌洙), 박양근(朴亮根), 박정석(朴正錫), 최규홍(崔圭弘) 등 다수 동지와 군자금 모금 및 민족계도 활동을 하였다.

송능식(宋能植)

괴산군 소수면 사람으로 1919년 4월 2일 소수면 옥현리에서 류해륜(柳海崙), 경권중(慶權重) 등의 주동으로 면민 5백여 명과 함께 독립만세 시위운동을 거행하고 피체되어 6월형을 받고 옥고를 치렀다.

송대호(宋大浩)

전남 함평군 학교면 출신으로 함평보통학교 4학년 재학시 조사현(曺士鉉), 모순기(牟順基), 정기연(鄭崎衍) 등과 주동하여 태극기를 만들고 1919년 4월 7일 함평읍 장날 시장에서 독립만세시위를 하였다.

이에 왜경에게 현장에서 피체되어 목포검사국으로 송치된 후 징역 1년형을 언도받고 옥고를 치렀다.

1983년 국내항일 활동으로 대통령표창을 받았다.

송덕봉(宋德奉)

전북 정읍군 태인면 사람으로 1919년 3월 16일 태인장날을 이용하여 송수연(宋洙連), 박지선(朴址宣) 등 지방청년, 유지 수명과 같이 주동하여 군중 수천 명과 함께 독립만세 시위운동을 거행하고 피체되어 옥고를 치렀다.

송덕빈(宋德彬)

1919년 3.1운동 때 보은군 속리면에서 독립선언식을 거행하고 독립만세 시위운동을 진행하다가 주모자의 한 사람으로 피체되어 6개월간 수형하였다.

송덕삼(宋德三)

강계 사람으로 1919년 4월 8일 강계읍 장날 각계 인사 21명과 주동하여 군중 수천 명과 함께 독립만세 시위운동을 거행하다가 일병의 발포로 수명의 부상자를 내고 주동자의 한 사람으로 피체되어 옥고를 치렀다.

송덕일(宋德一)

1907년 정미조약을 반대하여 경북 영천에서 거의하여 의병 일대를 영솔하고 영천 일대에서 일군과 항전한 의병장이다.

송덕천(宋德天)

1907년 정미조약을 반대하여 황해도에서 거의하여 의병 일대를 영솔하고 황해도 일대에서 일군과 항전한 의병장이다.

송도순(宋道淳)

1910년 경술국치를 반대하여(한미참판을 역임하였음) 순절하였다.

송동식(宋東植)

본적은 전라남도 장서군 장성면 영천리 136번지이며, 당년 24세의 공립사범학교 3학년생이었다.

1929년 광주학생비밀결사 독서회에 가담 활동하다가 피체되어 1930년 10월 18일 광주지방법원에서 치안유지법, 보안법, 출판법 등 위반죄명으로 징역 4년형을 받고 복역하였다. 1968년 3월 1일 건국공로 대통령표창을 수상하였다.

송씨독립운동가(宋氏獨立運動家)

송동호(宋東浩)

1905년에 오적암살단에 가입하여 활약하다가 옥고를 치렀다.
1963년 3월 1일 건국공로 대통령표창을 수상하였다.

송두용(宋斗用)

회양군 하북면 사람으로 천도교인이었다.
1919년 4월 15일과 16일 하북면에서 천도교인들의 주동으로 군중 다수와 함께 독립만세 시위운동을 거행하고 피체되었다.

송두현(宋斗鉉)

본적은 전남, 당년 20세로 광주공립농업학교 4학년생이었다.
1929년 광주학생비밀결사 독서회에 가담 활약하다가 피체되어 1930년 10월 18일 광주지방법원에서 치안유지법, 보안법, 출판법 등 위반죄명으로 징역 2년 6월형을 받고 복역하였다.

송두환(宋斗煥)

홍식(弘植)의 장남으로 1885년 3월 14일 강원도 회양군 난곡면 현리에서 출생하였다.
경술국치를 당하여 울분을 참지 못하던중 일제의 학정이 극심하여지자 1914년 향리의 의병장 박장록(朴長綠)과 부장 송익수(宋益洙), 송택영(宋澤永) 등과 모의하여 선생은 참장을 맡고 회양의 구국충절의 애국청장년을 규합하여 일제에 항쟁하였다.

반일활동을 선도했다는 죄명으로 피체되어 옥고를 치른 후 또다시 항일활동을 모의하다가 은신처에서 왜경에 피체된 뒤, 상투에 줄을 달아 나무에 매달려 있는 선생을 부인 김성녀(金性女)가 발견하고 가위로 상투를 잘라 구출한 후 국내를 탈출, 소련 해삼위로 망명하였다.

1918년 다시 밀입국하여 벽지에다 근거를 두고 활동하던 중 1919년 3.1만세운동에 참가하다가 불행히도 적탄을 맞아 상처를 입고 그 여독으로 1932년 5월 30일 향년 48세로 타계하였다.

송두환(宋斗煥)

경북 대구부 신암동 사람으로 호는 심연(心蓮)이다.

1910년 정운해(鄭雲海), 최윤동(崔允東) 등과 신배달회(新倍達會)를 조직하여 활약하였고, 상경하여 홍진(洪震), 김두태(金枓泰), 주시경(周時經) 등과 산직장려계를 조직, 자립경계를 위해 활동했다.

3.1운동 후에는 천도교를 통하여 운동자금으로 5천원을 받아 빈민회(貧民會)를 조직, 국산품장려운동에 힘썼다.

상해임시정부를 방문, 재무총장과 군무총장으로부터 군사주비단의 위촉장을 받고 무기 4정과 실탄 등을 받아 귀국 활동하다가 피체되어 3년간 수형하였으며, 그후 제2경북사건에 관련되어 60일간 구금당한 후 석방되었다.

1963년 3월 10일 건국공로 대통령표창을 수상하였으며, 1977년 12월 13일 건국공로 포장을 수상하였다.

송득승(宋得昇)

평양사람으로 1919년 3월 1일 평양에서 고종황제 봉도식과 독립선언식을 거행하고 주동자의 한 사람으로 피체되어 옥고를 치렀다.

송만수(宋萬洙)

일명은 송환효(宋煥孝), 본적은 전남 담양군 금성면 대성리 826번지이며, 당년 18세로 광주공립보통학교 학생이었다.

1929년 11월 3일 광주학생독립만세시위에 참가, 활동하다가 피체되어 1930년 5월 15일 대구복심법원에서 폭력행위, 출판법, 보안법 위반 죄명으로 징역 6월형을 받았다.

1983년도에 건국공로 대통령표창을 추서하였다.

송말준(宋末俊)

산청군 신등면 사람으로 1919년 3월 20일 신등면 단계리에서 김영숙(金永淑) 등 지방유지들이 주동으로 군중 8백여 명과 함께 독립만세 시위운동을 거행하다가 일병과 충돌하여 11명의 사망자와 7명의 부상자를 내었을때 부상당하였다.

송명옥(宋明玉)

1919년 8월부터 이덕생(李德生), 김태연(金泰淵), 주남고(朱南皐), 고운서(高雲瑞) 등 여러 동지와 구국독립운동을 목적으로 만주 군정서와 긴밀한 연락하에 군자금을 모금, 송금하는 한편 의용병 모집에 참여하여 활약하다가 왜경에게 피체되어 1921년 1월에 형을 받았다.

송명진(宋明進)

부산일신여학교 고등과 학생으로 1919년 3.1운동시 동교 교사 주경애(朱敬愛), 박시연(朴時淵)의 주도하에 동교 고등과 학생 11명과 함께 동교기숙사에서 태극기를 만들고, 3월 11일 오후 9시를 기하여 전교생을 동원하여 독립선언식을 거행하고, 독립만세 시위운동을 선도하다가 일경에게 피체되어 부산지방법원에서 주동자의 한 사람으로 징역 6월형을 받고 부산 감옥에서 복역하였다.

송무용(宋武容)

1898년 5월 22일 충청남도 서산군 대호지면 사성리에서 출생하였다.

1919년 4월 4일 대호지면과 천의시장에서 군중 9백여 명과 함께 독립만세 시위운동을 거행하고 피체되어 10월 24일 공주지방법원과 12월 24일 경성복심법원에서 보안법과 출판법등 위반죄명으로 1년형을 받고 복역하였다.

송문근(宋文根)

경북 성주군 초전면 고산동 출신으로 1919년 3.1운동 직후에 유생 137인과 파리 장서에 서명하고 4월 2일 성주장날에 독립만세 시위운동을 주도하다가 동지 송회근 등과 함께 왜경에게 피체되어 1년여를 미결로 심한 고문을 당하다가 1년형을 받고 옥고를 치렀다.

송문빈(宋文彬)

1919년 김해 사람으로 3.1 독립만세 시위운동에 참가하고 국내외에서 독립운동에 헌신하였다.

송문선(宋文善)

소련 블라디보스톡에서 태평양 제1사단소속 보병중위로 활약했으며, 일제의 조선총독부 경무국의 요시찰 인물로 지목되었으나 지하운동을 계속하였다.

송문수(宋文壽)

1919년 포항에서 독립선언문과 태극기를 준비하고 3.1독립만세 시위운동을 진행하려다 왜경에게 피체되어 대구형무소에서 6개월간 수형하고 출옥한 후 익년 3.1동지회를 조직하고 항일투쟁을 계속하였다.

송씨독립운동가(宋氏獨立運動家)

송문일(宋文一)

단천군 북두일면 사람으로 1919년 3월 22일 북두일서 대신리에서 김성호(金成浩), 이종근(李宗根) 등의 주동으로 군중 5백여 명과 함께 독립만세 시위운동을 거행하다가 일병의 발포로 8명의 사망자와 2명의 중상자를 내고 피체되었을 때 보안법위반 죄명으로 옥고를 치렀다.

송문정(宋文正)

평북 의주군 사람으로 1920년 4월 10일 임시정부 연통제 평북 의주군 군감으로 임명되어 독립운동에 헌신하여 활약하였다.

송문주(宋文冑)

평북 위원 사람으로 만주 서로군정서 군인으로 1921년 10월에 피체되어 순사하였다.

송문주(宋文柱)

강계 사람으로 육군주만참의부 소대장으로 있으면서 1922년 남만 집안현에 출동하여 왜적과 접전을 벌이다가 전사하였다.

송문호(宋文鎬)

경상남도 함안군 군북면 사람으로 1919년 3월 20일 군북 장날을 이용하여 조상규(趙相奎) 등의 인사들과 함께 군중 3천여 명과 함께 독립만세 시위운동을 거행하다가 일군경의 발포로 조용효(趙鏞孝) 등 21명은 현장에서 일본의 총탄에 순국하고 선생은 18명과 함께 총상을 입고 일헌에게 피체되어 순사하였다.

1968년 건국공로 대통령표창을 추서하였다.

송병관(宋秉觀)

평북 강계군 사람으로 1920년 9월 1일 임시정부 연통제 평북 강계군 군참의로 임명되어 독립운동에 헌신하여 활약하였다.

송병기(宋秉箕)

횡성군 서원면 사람으로 유학자이다.

1919년 4월 12일 밤 9시에 서원면 분일리 뒷산에 올라가 주민들과 같이 독립만세 시위운동을 13일 오전까지 거행하였다.

송병선(宋秉璿)

충남 대전시 성남면 사람으로 1905년 을사보호조약을 반대하여 오적토벌과 조약해소를 상소하고 경무사 윤철규(尹喆奎)에게 구금되었다가 고향으로 돌아와 옛집에서 음독자살하였고, 실제(實弟) 병순(秉珣)도 경술합방시 순사하였다.

1962년 3월 1일 건국공로 국민장을 추서하였다.

송병순(宋秉珣)

자(字)는 동옥(東玉), 호(號)는 심석제(心石齊)이다.

면수(勉洙)의 아들로 1893년 4월 10일 충남 대전시 성남동 44번지에서 출생하였다.

선생은 1905년 을사조약이 체결되자 전국의 유림에 격문을 보내어 수백 명에게 민족정기를 고취하였다.

1912년 회유책으로 왜군 헌병이 사은금을 보내왔으나 거절하였으며, 동년 경학원 강사로 천거되었으나 또 거절하고, 일제에 항거하는 유서를 남기고 1912년 2월 4일 영동군 학산면 절화리 활산정사에서 음독, 순국하였다.

금산군 금산면 하옥리 104번지에 묘소와 기념비가 있다. 1968년 대통령표창을 받았고, 다시 1977년 국민장이 추서되었다.

송병영(宋炳榮)

경북 안동군 임동면 사람으로 1919년 3월 21일 편항 장날 지방유지 류연성(柳淵成) 등 7인과 주동으로 군중 8백여 명과 함께 독립만세 시위운동을 거행하고 피체되어 옥고를 치렀다.

송병옥(宋炳玉)

전북 정읍군 옹동면 사람으로 옹동면 면서기에 재직하던 중, 1919년 3월 16일 태인장날을 이용하여 지방청년 유지 수명과 같이 주동하여 군중 수천명과 함께 독립만세 시위운동을 거행하고 피체되어 옥고를 치렀다.

송병우(宋秉祐)

명 송병우(宋秉禹)이며, 경수(敬洙)의 아들로 1869년 6월 21일 경북 선산군 구미 선기동에서 출생하여 한학을 수학하였다.

1899년 일제의 침략 마수가 뻗쳐 국권이 흔들리자 삼남의 지사를 규합하여 거의를 꾀하고 있던 왕산 허위(許蔿)와 일본 제국주의 무리를 토멸할 것을 맹약하고 참찬의 벼슬에서 물러나 경상, 충청, 전라도 삼남의 도계인 금릉군 지례의 삼도봉 아래로 들어갔다.

1906년 7월 허위의 소모장이 된 뒤 1907년 4월 허위 의병진이 경기도 철원으로 이동하자 백여 명의 동지를 이끌고 상주, 함창에 진격하여 적을 무찌르고, 10월에는 문경군 갈평리 전투에서 이강년 부대와 민긍호 부대 등 여러 의진과 합세하여 적의 수비대와 경찰대를 무찔렀다.

이후 다시 충북 단양으로 들어가 매바우에서 예천, 원주, 충주 방면으로부터 내습하는 적을 만나 10여 일에 걸쳐 전투를 벌여 적에게 타격을 입히고 보은 속리산으로 의진을 돌려 노병대의 병진과 합진하여 미원을 거쳐 성주, 거창 등의 적을 사살하고 금릉군 지례로 이동하던 중 갑자기 나타난 적과 혈전을 벌이다가 총상을 입고 재거의를 기약한 후 적의 포위망을 피하여 금릉군 구성면 화원리의 애국지사 이명균 집에 숨어 치료를 받던 중 회복하지 못하고 1910년 9월 28일 향년 43세로 타계하였다.

1980년 의병운동으로 대통령표창을 받았다.

송병운(宋炳雲)

1909년 일제의 학정을 반대하여 전남 해남에서 거의하여 의병 일대를 영솔하고 해남 일대에서 일군과 항전하다가 패전하고 동년 8월 30일 자살한 의병장이다.

송병조(宋秉祚)

호(號)는 신암(新岩)이며, 1877년 12월 23일 용천군 양하면 신창동에서 출생하였다.

기독교 목사로서 1919년 3.1운동이 일어나자 향리에서 독립만세 시위운동을 주도하였고, 이어 독립운동 군자금을 모금하다가 동지들이 피체된 이후 1921년에 중국 상해로 망명하여 상해 적십자사 감사, 국민대회 대표 및 신한청년단 간부 등을 역임하고, 1926년에 임시정부 의정원 부의장에 선임되었고 임시정부 국무위원이 되었다.

1937년에는 임시정부의 외곽단체로 한국광복진선을 결성하였고, 이로 인하여 일제 조선 총독부 경무국의 요시찰 인물로 지목되었다.

1942년 2월 25일 임시정부 의정원 의장, 임시정부 고문, 임시정부 회계검사원장을 겸임하여 수행하다가 병사하였다.

유해는 중경 서남에서 20리 떨어진 토교(土橋)에 국장으로 안장하였다.

1963년에 건국공로 국민장을 추서하였다.

송병창(宋炳昌)

횡성군 서원면 사람으로 유학자이다.

1919년 4월 12일 밤 9시에 서원면 분일리 뒷산에 올라가 주민들과 함께 독립만세 시위운동을 13일 오전까지 거행하였다.

송병철(宋炳喆)

평북 의주군 고성면 사람으로 1943년 임시정부 경위대원과 접선하여 동지 포섭공작을 하다가 광복군에 편입하여 활동하였고, 1945년 임시정부 내무부에서 종사하였다.

1963년 8월 15일 건국공로 대통령표창을 수상하였다.

송병철(宋秉喆)

1919년 3월 26일 김동익(金東益), 이정엽(李正燁) 등 군중 수십 명과 서대문 일정목에서 독립만세 시위운동을 거행하여 전차에 투석하고 두 갈래로 나뉘어 한쪽은 야주현(夜珠峴) 어구로, 또 다른 쪽은 당주동(唐珠洞) 어구로 진행하다가 이곳에 경비나온 기마대에게 투석하여 이를 물리쳤다.

송씨독립운동가(宋氏獨立運動家)

송병하(宋炳河)

평북 의주군 고성면 사람으로 서울 사람이며, 1942년에 한국광복군 제3지대에 편입하고, 같은 해 9월에는 한국독립당에 입당하였으며, 1943년 광복군 제3기 훈련을 수료하고 3지대에서 활약하였다.

1963년 8월 15일 건국공로 대통령표창을 수상하였으며, 1977년 12월 13일 건국공로 포장을 수상하였다.

송병희(宋炳熙)

차영철(車永徹)의 중학 동창생으로 대곡일본헌병대 통역으로 있던 중 1940년 3월 한국청년전지공작대에 동지로 포섭되어 헌병대에 계속 있으면서 정보수집과 공작비를 부담하였다.

송복덕(宋福德)

평북 의주군 고성면 사람으로 중국대륙에서 한국광복군에 입대하여 항일전에 참전하였다.

1963년 3월 1일 건국공로 대통령표창을 수상하였다.

송복만(宋福晚)

합천군 해인사 지방학림 학생으로 1919년 3.1운동 이후 학림학생들이 주동하여 서울유학생 도진호(都鎭浩)로부터 입수한 독립선언서를 등사하여 합천, 삼가, 초계, 의령, 진주, 사천,

송씨독립운동가(宋氏獨立運動家)

곤양, 하동 일대에 배포하고 독립운동을 전개하다가 피체되어 옥고를 치렀다.

송복룡(宋福龍)

합천군 해인사 지방학림 학생으로 1919년 3.1운동 이후 학림학생들이 주동하여 서울유학생 도진호(都鎭浩)로부터 입수한 독립선언서를 등사하여 합천, 삼가, 초계, 의령, 진주, 곤양, 하동 일대에 배포하고 독립운동을 전개하다 피체되어 옥고를 치렀다.

송봉국(宋鳳國)

황해도 재령군 북율면 사람으로 기독교 신자였다.

1919년 3월 10일 내종리 장날을 이용하여 상거리 숭의학교에서 기독교인들이 주동으로 군중 1천여 명과 함께 독립선언식과 독립만세 시위운동을 거행하고 주동자의 한 사람으로 피체되어 옥고를 치렀다.

송봉숙(宋鳳淑)

1892년 3월 2일 충청남도 서산 대호지면 적서리에서 출생하였다.

1919년 4월 4일 대호지면과 천의시장에서 지방유지들 및 군중 9백여 명과 함께 독립만세 시위운동을 거행하고 피체되어 10월 24일 공주지방법원과 동년 12월 24일 경성복심법원에서 보안법과 출판법등 위반 죄명으로 1년형을 받고 복역하였다.

1986년에 건국공로 대통령표창을 수상하였다.

송봉운(宋逢云)

일기(一基)의 장자로 1891년 10월 10일 충남 당진 대호지면 사성리 205번지에서 출생하였다.

1919년 3.1운동시 조국광복을 위해 향리에서 남상은(南相殷)을 행동대장으로 한 선봉행동대에 가담, 행동대원으로 활약하여 4월 4일 대호지면사무소 앞 광장에 모인 군중들과 함께 대한독립만세를 외치며 천의시장을 향해 시위를 전개하던 중 출동한 왜경의 총탄에 맞아 현장에서 순국하였다.

대호지면 사무소 광장에 3.1합동 추모비가 세워져 있으며, 1986년 3.1운동으로 대통령표창을 받았다.

송봉재(宋鳳在)

1901년 출생하여 전남 보성군 웅치면의 장춘재에서 수학하였다.

세심당(洗心堂) 백홍인(白弘寅) 선생 문하에서 수학하던 중 국운이 기울어져 1910년 이른바 경술합방이 되자 거의의 기회를 엿보고 있던 중 1919년 세심선생이 고종인산에 다녀온 후 장춘재생 100여 명이 운집하고 독립만세시위를 전개하여 구국을 외치다가 왜경의 발포로 다수의 부상자를 내고 피체되는 등 강제해산 되었다.

그 후 왜경의 감시와 수차의 피체에도 불구하고 일생을 항일에 전념하다가 타계하였다.

송빈문(宋彬文)

호(號)는 의송(義松)이며, 경남 김해 사람이다.
3.1운동 후에 국내외에서 독립운동에 헌신하여 활약하였다.

송산선(宋刪瑄)

전북 김제군 금구면 출신으로 1915년 4월 조기염(趙紀淡), 김선(金互), 김성택(金聲澤), 조주성(趙周成), 쌍감면의 조용철(趙龍喆), 정읍군의 이헌(李憲), 부안군의 신헌(辛憲) 등 동지와 함께 조국광복단을 조직하고 독립군자금 모금운동을 하였다.

송상규(宋尙圭)

1919년 4월 15일 만주 유하현 삼원보 서구대화사에서 독립운동 각단이 통합하여 대한독립단을 결성하고 도총재부의 참의로 선임되어 독립운동에 헌신하여 활약하였다.

송상규(宋相奎)

1895년 을미 국모시해의 복수를 위해 거의하여 류인석(柳麟錫) 의병진에 참가했고 의병진이 북행시 구당에서 류인석의 명에 의하여 중국 원세개(袁世凱)에게 보내는 글을 휴대하고 이필희

(李彌熙), 유치경(兪致慶)과 같이 3인이 먼저 떠났던 의병장이다.

송상도(宋相燾)

일제의 침탈로 잃은 국권을 회복하기 위하여 활약하였고, 이에 관한 저작활동을 하였다.

1986년에 건국공로 포장을 수상하였다.

송상봉(宋相鳳)

함남 장진 출신의 포수로 1907년 군대해산 후 홍범도(洪範圖), 차도선(車道善) 등과 더불어 거의하여 동년 11월 25일 홍범도 의병대와 같이 후치령싸움, 양봉익(梁鳳翊) 의병부대와 같이 장진동과 운산동 싸움에 참여했다.

여기에 1908년 4월에는 이명보(李明甫)가 의병을 거느리고 가담하여 의병이 1백 명에 달했다.

그 후 이명보와 다시 분리하여 충암리와 백수령(白水嶺), 관음방(觀音房) 등에서 구국항일전을 계속하였다.

송상하(宋相河)

일명은 상하(尙夏), 건용(健鏞), 상하(相夏)이며, 1899년 5월 22일 함경남도 원산부 용동 76번지에서 출생하였다.

길림성 주하현 하동으로 건너가 1922년에 신민부 중앙집행위원으로 활약했으며, 일제의 조선총독부 경무국의 요시찰 인물로 지목되었으나 지하운동을 계속하였다.

송서룡(宋瑞龍)

평북 사람으로 한국광복군에 입대하여 중국대륙에서 항일전에 참전하였다.
1963년 8월 15일 건국공로 대통령표창을 수상하였다.

송석래(宋錫來)

나주 사람으로 1907년 호남대동의병장 전해산(全海山)의 참모장으로 활동하다가 나주 석문전투 때 전사하였다.

송석봉(宋錫奉)

음성군 감곡면 사람으로 1919년 4월 4일 감곡면 양묘장에서 인부들와 함께 독립만세 시위운동을 거행하고 피체되어 6월형을 받고 옥고를 치렀다.

송석우(宋錫禹)

평북 벽동군 사람으로 1920년 7월 7일 임시정부 연통제 평북 벽동군 군감으로 임명되어 독립 운동에 헌신하여 활약하다가 1921년 6월 17일 왜적에게 피살되었다.

송석준(宋錫峻)

평북 의주군 주내면 사람으로 1905년에 도미하여 공립신보를 창간하고 주필로 활약하였으며, 교류민단을 창설하여 활동하였다.

1977년 12월 13일 건국공로 포장을 추서하였다.

송석형(宋錫亨)

선생은 충남 대전군 옥계면 사람으로 일명 영기(榮起)이며, 충남 대전군 옥계면 사람이다.

중국대륙에서 광복군으로 활약하였다.

송선호(宋善鎬)

1924년 8월 육군주만참의부 제2중대 제2소대원으로 소대원 7명이 국내 위원지방에 출동하여 적을 다수 사살하고 전원 무사히 귀대하였다.

송성겸(宋聖謙)

1919년 11월 상순 평양예수교 장로파 애국부인회와 예수교 감리파 애국부인회가 합동하여 대한애국부인회를 조직하고 증산지회장에 피선되어 군자금을 모금하여 상해임시정부에 양차에 걸쳐 보냈으며, 1920년 10월 15일 평남도경에 검거되어 검사국으로 송치되었다.

송씨독립운동가(宋氏獨立運動家)

송성무(宋聖武)

전북 홍덕군 북면 행정 출신으로 1908년 3월 국동완(鞠東完)의 휘하에 가담하여 의병활동을 하다가 일본 헌병에 피체되어 1908년 8월 18일 광주지방재판소 전주지부에서 징역 5년형을 선고받고 옥고를 치렀다.

송성수(宋聖秀)

일제의 침략에 항거하여 비밀결사 조직에 참여, 국내항일활동에 헌신하였다.

1986년에 건국공로 대통령표창을 수상하였다.

송성수(宋聖秀)

전남 나주군 남평면 양산리 사람으로 1928년에 광주공립농업학교에 재학중 동맹휴교사건에 연루되어 퇴학처분을 받고 출판법, 보안법위반 등으로 같은 해 11월 8일 대구복심법원에서 징역 9월 집행유예 4년형을 받고 석방되었다.

1929년 동경으로 건너가 대학전문부 정치과에 입학하였다가 10월에 중퇴하고 귀국하여 농사에 종사하였다.

농업학교 재학시부터 공산주의사상을 연구하였으며, 윤승현(尹昇鉉) 등과 교우하면서 1931년 9월에는 농민조합을 조직했다가 일경으로부터 해산당하고 동리구장의 발의로 조직된 민풍진흥회의 회장으로 선임되어 농민운동을 하다가 같은 해

12월 19일에는 윤승현의 권유로 전남 노동협의회에 가입하고 농민부원으로 나주, 화순지역의 책임을 맡아 민풍진흥회와 동 협의회의 세포조직에 힘쓰다가 1934년 12월 치안유지법위반으로 징역 2년형을 받았다.

송성용(宋聖用)

남동면 서창리 사람으로 1919년 3월 31일 면민 전체를 동원하여 만세운동을 전개하고자 남동면 동리 송윤중(宋潤中)의 집을 본부로 정하고 구창조(具昌祖), 김춘근(金春根), 윤용택(尹容澤), 박중일(朴重一) 등과 협모하여 4월 1일 질천시장에서 거행하기로 준비하다가 미수에 그쳤다.

송성준(宋成俊)

위원군 숭정면 사람으로 1919년 3월 20일 향리에서 독립만세 시위운동을 주도하다가 피체되어 징역 6개월을 받고 복역하였다.

송성택(宋晟澤)

경기도 사람으로 서로군정서 의용군 제1중대 정사(正士)로 활동하면서 대원 3인과 함께 강계에 출동했다가 귀로에 올랐으나 집안현 화보에서 왜병을 만나 접전을 벌인 끝에 전사하였다.

송씨독립운동가(宋氏獨立運動家)

송성학(宋性學)

전북 임실군 성도면 오봉리 사람으로 1919년 4월 7일 오봉리 뒤 산림 중에서 지방 청년이 주동하여 주민 다수와 함께 독립만세 시위운동을 거행하고 피체되었다.

송세탁(宋世卓)

경남 김해군 김해읍 진예면 출신으로 1919년 3.1운동 당시 동지 허병, 최규우, 최덕권, 조병중, 김석암, 송세희 등과 모의하고 4월 2일 김해 장날에서 장꾼이 가장 많이 모이는 오후 4시경 60여 명의 군중과 함께 독립만세시위를 전개하였다.

이에 출동한 왜경의 쇠갈고리에 찍혀 머리에 자상을 입고 동지들과 함께 피체되어 징역 8개월 형을 언도받고 옥고를 치렀다.

송세호(宋世浩)

경북 선산군 구미면 사람으로 일명 송세호(宋世鎬)이다. 1919년 4월 월정사 승려로 재직하면서 안재홍(安在鴻), 정병호(廷秉昊) 등과 임시정부를 지원하고 세계 각국에 외교를 행하고자 대한국민청년외교단을 조직하고 활약하다가 같은 해 11월에 대구에서 피체되어 옥고를 치렀다.

1963년 3월 1일 건국공로 대통령 표창을 수상하였다.

송세호(宋世浩)

일명은 원식(元植), 사영(士英), 세정(世淨)으로 1893년 8월 29일 경성부 종로 3정목 93번지에서 출생하였다.

1920년 2월 12일 이강공(李堈公) 암살사건 연루자로 피체되어 서대문, 대구 등 감옥에서 징역 3년형을 받고 복역 중 병보석 되어 출옥하였고, 1931년 6월에는 상해로 건너가 활동하였다.

일제의 조선총독부 경무국의 요시찰 인물로 지목되었으나 지하운동을 계속하였다.

송세환(宋世桓)

신민회원이며 기독교인으로 1910년 12월 27일 압록강 철도 준공식에 참석하려는 일본 총독 사내 암살 모의사건으로 1911년에 일헌에 피체되어 105인과 함께 수형하였다.

송세희(宋世禧)

경남 김해군 김해읍 진예면 출신으로 1919년 3.1운동시 동지 허병, 최규우, 최덕현, 조병중, 김석암, 송세탁 등과 함께 4월 2일 김해 장날에 장꾼이 가장 많이 모이는 오후 4시경 60여 명의 군중과 함께 독립만세시위를 전개하였다.

선생은 십자로 북쪽 길 위에서 두 손을 높이 들고 독립만세를 고창하다가 왜경 대야(大野)에게 쇠갈고리에 찍혀 콧구멍에 파열상을 입고 동지들과 함께 피체되어 징역 8개월 형을 언도받고 옥고를 치렀다.

송수근(宋壽根)

경북 성주군 초전면 고산동 사람으로 1919년 3.1운동 직후 유생 137인과 함께 파리장서에 서명하고 같은 해 4월 2일 성주장날에 독립만세 시위운동을 하다가 일본 헌병에게 피체되어 보안법 위반으로 10월형을 받고 옥고를 치렀으니 당년 24세였다.

송수답(宋水畓)

일제의 침략정치에 항거하여 구국항일 비밀결사에서 활약하였다. 1986년에 건국공로 대통령표창을 수상하였다.

송수연(宋洙連)

전북 정읍군 태인면 사람으로 1919년 3월 16일 태인 장날을 이용하여 박지선(朴址宣) 등 지방청년유지 수명과 같이 주동하여 군중 수천 명과 함께 독립만세 시위운동을 거행하고 피체되어 옥고를 치렀다.

송순묵(宋淳黙)

1905년 을사조약을 반대하여 1906년 5월 11일 홍산 지치(鴻山支峙)에서 이용규(李容珪) 등 다수 인사와 함께 모의하여 거의하고 민종식(閔宗植)을 의병대장에 추대하고 휘하의 좌군

관으로 홍주성(洪州城) 입성을 성공시키고 공방전을 벌였으나 실패한 후 다시 거의를 계획하였으나 이루지 못하였다.

1986년에 건국공로 대통령표창을 수상하였다.

송순이(宋順怡)

전북 전주군 전주읍 사람으로 기독교계의 기전여학교 학생이었다.

1919년 3월 13일 전주읍 장날을 이용하여 기독교측과 천도교측이 연합으로 주동하여 교인들과 군중 등 수천 명과 함께 동원되어 독립만세 시위운동을 거행하고 피체되어 옥고를 치렀다.

송시옥(宋時玉)

1895년 10월 27일 평안북도 위원군 밀산면 남성동에서 출생하여 봉천성 집안현 신개하 팔보자(八步子)로 건너가 육군주만참의부 소대장으로 있으면서 1923년 8월 동지 4명과 같이 국내 초산으로 출장하여 군자금을 모집하였다.

일제의 조선총독부 경무국의 요시찰 인물로 지목되었으나 지하운동을 계속하였다.

송시용(宋始鏞)

전북 김제군 초처면 사람으로 1928년 3월 통의부원 조인현(趙仁賢), 오석완(吳碩完) 등과 협력하여 군자금 모집을 하였고, 자기 자산을 군자금으로 제공하는 등 활약하다가 피체되어 전주지방법원에서 징역 1년형을 받고 복역하였다.

1982년도에 건국공로 대통령표창을 추서하였다.

송신택(宋晨澤)

경성 사람으로 육군 주만참의부 정사로서 국내에 출장하여 왜병과 교전 중에 전사하였다.

송안빈(宋安彬)

소련 모스크바에서 모스크바 육군사관학교 교관으로 활약했으며, 일제의 조선총독부 경무국의 요시찰 인물로 지목되었으나 지하운동을 계속하였다.

송암우(宋岩于)

옥천 사람으로 한일합방을 반대하고 배일사상을 고취하기 위하여 1923년 1월 중순경 동지들과 총독부, 조선신궁, 조선은행, 경성부청, 종로경찰서의 파괴를 계획하고 종로경찰서 폭파의 책임을 맡았으나 사전에 발각되어 피체되었다.

이로 인하여 서대문 옥에서 1년반 동안 복역하였다.

송양묵(宋養默)

평양 사람으로 1919년 3월 1일 평양에서 고종황제 봉도식과 독립선언식을 거행하고 주동자의 한 사람으로 피체되어 옥고를 치렀다.

송언회(宋彦會)

1895년 을미년 국모시해를 반대하여 전 승지(前承旨)인 김복한(金福漢) 등과 거의하여 의병 수천 명을 동원, 홍주성에 입성하는 등 일군과 항전한 의병장이다.

송여직(宋汝直)

충남 서천군 화양면 출신으로 1919년 3.1운동 때 3월 29일 하오 1시경 마산면 신장시에서 수천명의 군중과 합세하여 독립만세시위를 전개하다가 송기면(宋箕勉), 이근호(李根浩), 유성열(劉性烈), 나상준(羅相俊) 등의 동지와 함께 왜경에 체포되었다. 1982년 3.1운동으로 대통령표창을 받았다.

송영근(宋榮根)

전북 정읍군 태인면 사람으로 동우회 회원으로 있으면서 1907년 광무황제 양위를 반대하여 종로포진도매(鍾路布塵都賣)에서 만민공동회 소청을 만들고 대한자강회와 동우회 등 각 문화, 사회단체 회원들을 선두로 수천의 군중을 종로에 모아 반대시위를 하였고, 오적의 집에 방화하는 등 항전하였다.

1919년 3월 16일에는 태인 장날을 이용하여 박지선(朴址宣) 등

송씨독립운동가(宋氏獨立運動家)

지방유지 수명과 주동하여 독립만세 시위운동을 거행하고 옥고를 치렀다.

송영기(宋榮起)

충남 대덕 사람으로 1942년 한국광복군에 입대하여 1943년 특별훈련반을 수료하고 1945년에 한미합동훈련반을 수료하였다.

송영덕(宋榮德)

충남 서산군 근흥면 당금리 사람으로 1937년 9월 4일 근흥면 용신리 조영선(曺榮先)의 부친 제사에 참석하여 임하영(林夏永) 외 2명에게 "지금 일본과 중국이 전쟁중이니 일본놈이 패배하고 중국이 승전하지 않으면 우리들도 살아남을 수 없다."고 하였다고 1937년 10월 12일 충남 서산서에 검거되어 보안법위반 죄명으로 6월형을 받았다.

송영보(宋榮甫)

1919년 3월 12일 의주군 수진면 시장거리에서 독립선언식을 거행하고 독립만세 시위운동을 벌인 후 왜적의 밀정 주철주(朱哲柱) 집을 불살라 그 책임으로 10년간 수형하였다.

송영율(宋永律)

평양사람으로 천도교 평양교구 간부로 있으면서 1919년 3월

1일 천도교인들이 주동하여 평양교구에 모여 고종황제 봉도식과 독립선언식을 거행하고 주동자의 한 사람으로 피체되어 옥고를 치렀다.

송영준(宋永駿)

평북 철산군 사람으로 1944년 일군에 강제 징집되었으나 중지 강서성(中支江西省) 일대의 격전지에 투입된 것을 기회로 일군을 탈출하여 9전구로 가서 한적사병들과 비호대를 조직하고 정보와 유격전 교육을 받고 대원으로 활약하였으며, 1945년 4월 한국광복군 9전구 제3구대에 편입되어 계속 활약하다가 1946년 6월 22일 제3구대장 이병곤(李炳坤)의 인솔로 환국하였다.

송영집(宋永集)

평남 용강군 용월면 사람으로 한국광복군에 입대하여 중국대륙에서 항일전에 참전, 활약하였다.

1963년 8월 15일 건국공로 대통령표창을 수상하였으며, 1977년 12월 13일 건국공로 포장을 수상하였다.

송영찬(宋榮燦)

보성고등보통학교 학생으로 1919년 3월 5일 서울 남대문역전 광장에 모여 독립만세 시위운동을 벌이고 시내를 행진하며 시위운동을 계속하였다.

송영철(宋英哲)

길림성 연길현으로 건너가 중국공산당 만주성위원회 동만특별위원회 연길현 석인구위원회 군사부장으로 활약했으며, 일제의 조선총독부 경무국의 요시찰 인물로 지목되었으나 지하운동을 계속하였다.

송영택(宋榮澤)

연안군 해성면 사람으로 1919년 3월 18일 호남, 해성 2개 면민 2천여 명과 함께 동원되어 연안 서문쪽으로 진행하며 독립만세 시위운동을 벌일 때 선두에서 지휘하다가 적탄에 순국하였다.

송영호(宋永昊)

평북 삭주 사람으로 1920년 5월 24일 임시정부 연통제 평북 삭주군 군감으로 임명되어 독립운동에 헌신하여 활약하였다.

송영우(宋永祐)

경북 영주군 장촌면 사람으로 1919년 3.1운동 후 유생 137명이 연서하여 파리에 보내는 독립청원서를 휴대하고 상해로 건너갔다.

1926년에는 북경에서 김창숙(金昌淑), 이봉노(李鳳魯) 등과 개간사업을 하여 얻은 이익금으로 무관학교를 설립하기로 의결한 후 권총 3정을 가지고 국내로 잠입, 유림들을 방문하고 20만원의 군자금을 조달하다가 피체되어 3년형을 받고 옥고를 치렀다.

1977년 12월 13일 건국공로 대통령표창을 추서하였다.

송영환(宋永煥)

진남포 사람으로 삼종학교 교원이었는데, 1919년 3월 1일 신흥동 감리교회에서 군중 5백여 명과 함께 고종황제 봉도식과 독립선언식을 거행하고 만세시위운동을 계속하다가 피체되어 옥고를 치렀다.

송완명(宋完命)

1910년 경술국치를 반대하여 자결, 순국하였다.

송용기(宋龍基)

길림성 연길현으로 건너가 중국공산당 만주성위원회 동만특별위원회 연길현의란구 유격대원으로 활약했으며, 일제의 조선총독부 경무국의 요시찰 인물로 지목되었으나 지하운동을 계속하였다.

송용현(宋龍顯)

경기도 개성군 중서면 학령 출신으로 1919년 4월 2일 허일삼(許逈三) 외 다수 동지와 독립만세시위를 전개하다가 왜경에게 피체되어 형을 받았다.

송우근(宋祐根)

경북 성주군 월환면 사람으로 1919년 4월 2일 성주읍 장날을 이용하여 유교계 인사와 기독교인들이 연합으로 군중 수천 명과 함께 독립만세 시위운동을 거행하다가 일본 헌병의 발포로 이봉희(李鳳熙) 외 2명의 사망자와 7명의 부상자를 내고 피체되어 옥고를 치렀다.

송우선(宋祐善)

자(字)는 자수(子受), 호(號)는 세한제(歲寒齊)이며, 춘익(春翼)의 아들이다.

1894년 2월 5일 경북 성주군 초전면 고산동에서 출생하여 태산(泰山) 송준필(宋浚弼)의 문하에서 다년간 한문을 수학하였다.

1919년 4월 2일 성주시장에서 송규선(宋圭善) 등 유생과 예수교인 500여 명과 같이 대한독립만세를 고창하며 시위하다가 일본 헌병에게 피체되어 대구 형무소에서 1년간 옥고를 치르고 그 여독으로 고생하다가 1942년 5월 2일 향리에서 타계하였다.

1983년 8월에 건국공로 대통령표창을 추서하였다.

송우필(宋禹弼)

1899년생이며, 경기도 안성군 원곡면 외가천리 179번지에서 거주하였다.

1919년 4월 1일 경기도 안성군 원곡면과 양성면 양 면민 수천명이 모여 독립만세 시위운동을 거행하고 일경의 발사로 현장에서 4명이 순사하고 133명이 피체되었다.

1920년 3월 22일 경성고등법원에서 치안유지법위반 죄명으로 징역 3년형을 받았다.

1977년 3.1운동으로 대통령 표창을 받았다.

송우흠(宋于欽)

1919년 3월 파리 독립청원장서 서명날인공작에 참가하였다가 피체되어 10월간 수형하였다.

송원건(宋元健)

1920년 2월 임시정부 연통제 평안북도 삭주 정서로 임명되어 활약하였다.

송원순(宋元淳)

소련 블라디보스톡에서 그곳 케페우(소련 정보기관) 탐정으로 활약했으며, 일제의 조선 총독부 경무국의 요시찰 인물로 지목되었으나 지하운동을 계속하였다.

송씨독립운동가(宋氏獨立運動家)

송원흥(宋元興)

이천군 사람으로 안협구장이었다.

1919년 4월 10일과 21일 안협에서 박객의(朴客義), 장강환(張康煥), 김응(金應) 등과 주동하여 주민 70여 명과 함께 독립만세시위운동을 거행하고 주동자의 한 사람으로 피체되었다.

송윤섭(宋玧爕)

1898년 11월 8일 덕조(德朝)의 장자로 함경북도 경성군 오촌면 승암동에서 출생하였다.

1919년 3.1운동 직후 연통제 함북독판부에 참가하여 활동하다가 같은 해 7월에 동지 50여 명과 함께 피체되어 1920년 8월 20일 청진지원에서 2년 6월형을 받고 복역하였다.

1977년 12월 13일 건국공로 대통령표창이 추서되었다.

송윤성(宋允性)

1905년 을사조약을 반대하여 임병찬, 김기술, 류종규, 김재구, 강종회, 이동주, 이용길, 손종궁, 정시해, 임상순, 임병인, 임병대, 이도순, 최종달 등과 함께 거의하여 최익현을 의병대장으로 추대하고 순창에 입성하고 호서 일대에서 일군과 항전한 의병장이다.

송씨독립운동가(宋氏獨立運動家)

송윤진(宋潤鎭)

평북 초산군 사람으로 1920년 3월 5일 임시정부 연통제 평북 초산군 군참의로 임명되어 독립운동에 헌신하여 활약하였다.

송윤화(宋潤和)

경북 부산부 부전동 사람으로 한국광복군에 편입, 중국대륙에서 항일전에 참전하였다.

1963년 8월 15일 건국공로 대통령표창을 수상하였다.

송의순(宋義淳)

만주 동간도에 거주하는 교민으로 1920년 1월 임시 정부연통제 간북남부 총판부로 임명되어 독립운동에 헌신하여 활약하였다.

송이수(宋二洙)

전남 순천군 악안면 사람으로 1919년 4월 3일 신기리에서 33인이 일사보국(一死報國)을 맹세하고 28사를 조직하고 동월 9일 보성군 벌교 장날을 이용하여 28사원들이 주동으로 군중 다수와 함께 독립만세 시위운동을 거행하였다.

송씨독립운동가(宋氏獨立運動家)

송 익(宋 益)

1925년 1월 정의부 환인서구 총관으로 선임되어 활약하였다.

송익면(宋益勉)

한말 의관을 역임했으며, 1910년 한일합방을 반대하여 순절하였다.

송익수(宋益洙)

경술국치를 당하고 일제의 학정이 극심하여지자 1914년 강원도 회양군에서 의병장 박장녹(朴長錄), 송택영(宋澤永), 송두환(宋斗煥) 등과 모의하여 거의하고 부장으로 선임되어 회양의 구국충절의 애국청장년을 규합하여 일제에 항쟁하였다.

송익순(宋益淳)

만주로 건너가 육군 주만참의부에 가입하여 활약하였다. 1963년 3월 1일 건국공로 대통령표창을 수상하였다.

송익주(宋益周)

1920년 9월 20일 임시정부 지방선전대원으로 임명되어 평남 강서선전대에서 선전 임무를 수행하였다.

송인석(宋仁奭)

용강군 진지동 사람으로 1919년 3월 2일 진지동에서 군중들과 함께 고종황제 봉도식과 독립선언식을 거행하고 만세시위 운동을 계속하다가 일병의 발포로 1명의 사망자와 7명의 부상자를 내고 주동자의 한 사람으로 피체되어 옥고를 치렀다.

송인수(宋仁洙)

경북 상주군 상주읍 사람으로 1919년 3월 23일 상주읍 장날을 이용하여 지방청년들과 주동으로 군중 다수와 함께 독립만세 시위운동을 거행하고 피체되어 옥고를 치렀다.

송인식(宋寅植)

음성군 대소면 사람으로 1919년 4월 2일 밤 대소면에서 지방 유지들의 주동으로 군중 1천여 명과 함께 독립만세 시위운동을 거행하고 피체되어 벌금 20원형을 받았다.

송인영(宋仁永)

항해도 해주군 남행면 사람으로 1919년 3월 독립만세 시위운동후 국내에서 항일독립운동에 참가하여 항전하였다.

1968년도에 건국공로대통령표창을 받았으며, 1977년 12월 13일 건국공로포장을 추서하였다.

송씨독립운동가(宋氏獨立運動家)

송인집(宋寅輯)

성주군 초전면 고산동 사람으로 1919년 3월 독립청원파리장서 작성에 김창숙(金昌淑) 등 유림을 도와 협조하였고, 같은 해 4월 2일 성주장날 만세시위에도 참가하고 도피하던 중 10월형을 받았고, 그 후 변성명(變性名)으로 초전사립학교와 원광고등학교를 설립하여 육영사업에 힘썼다.

1983년에 건국공로 대통령표창을 수상하였다.

송인회(宋寅會)

성주의 변판으로 있던 중 1899년 왜의 침략이 심해지자 서울에서 백여 명 동지로 조직된 충의사에 가담하여 항일운동을 전개하였다.

송일길(宋日吉)

회양군 사람으로 1919년 3월 28일 독립선언서와 이에 대한 선전문을 회양면 읍내리의 우편소, 헌병분견소 앞에 붙이고 피체되었다.

송일봉(宋一鳳)

원산 사람으로 1920년 9월 23일 원산에서 청년들의 주동으로 원산보광학교 및 공립보통학교학생 등 6백여 명 및 군중들과 함께 독립만세 시위운동을 거행하고 주동자의 한 사람으로 피체되어 옥고를 치렀다.

송일성(宋日成)

평북 선천군 군산면 사람으로 일명은 송헌(宋憲), 송국정(宋國廷)이며, 일찍이 유하현 삼원포(三源浦)에 이주, 기미 독립만세시위 운동 때 학생대열에서 진두지휘하다가 피체되어 8개월간 옥고를 치렀다.

1922년 통의부에 가입하여 중앙검무원과 혁명군 헌병분대장에 선임되었고 총관소검무감에 선임되어 활약하였으며, 1925년 정의부에 가입, 중앙위원 겸 정부위원을 지내고 남만지방의 환인지구 총관을 역임한 후 국민부로 전입하여 중앙위원, 외교위원, 유하현 지방책임자로 활동하였다.

1931년 일본 헌병에 피체되어 신의주 지방법원과 평양복심법원에서 3년형을 받고 1933년 7월에 출옥하였다.

1936년 중국중앙군 제1지휘군 사령관부대에 편입, 익년 동북육군 재향둔병제 설립공작을 하였다.

1968년도에 건국공로 대통령표창을 추서하였다.

송일훈(宋日勳)

선천 사람으로 경술국치 후 만주 홍경현 동창구(東昌溝)로 이주하여 1919년 독립만세운동에 참여했고, 삼원(三源)에서 한족회에 가입하여 활동하면서 독립군 전덕원(全德元) 부대에 편입하여 홍경방면에서 국내 선천, 의주, 철산 등지로 잠입하여 군자금을 모금하고 무기를 구입하였다.

그 후 노국군대에 가서 유상돈(劉相敦), 홍범국(洪範國) 등과도 같이 활동하다가 만주사변시에 피살되었다.

송일훈(宋一訓)

1925년 1월 정의부 해원지방 총관소로 선임되어 활약하였다.

송자순(宋子舜)

평북 위원군 사람으로 1920년 5월 1일 임시정부 연통제 평북 위원군 군참의로 선임되어 독립운동에 헌신하여 활약하였다.

송자현(宋子賢)

신민회원이며 기독교인으로 1910년 12월 27일 압록강 철도 준공식에 참석하려는 일본 총독 사내 암살 모의사건으로 1911년에 일헌에 피체되어 105인과 함께 수형하였다 .

송장식(宋章植)

경북 안동군 안동읍 사람으로 천도교 신자였다.

1919년 3월 18일 안동읍 장날을 이용하여 천도교인들과 기독교인들이 합동으로 주동하여 군중 3천여 명과 함께 독립만세 시위운동을 거행하고 피체되어 옥고를 치렀다.

송재기(宋在紀)

논산군 강경읍 사람으로 1919년 3월 20일 강경읍 장날을 이용하여 군중 1천여 명과 함께 독립만세 시위운동을 거행하고 주동인물로 피체되어 유형을 받고 복역하였다.

송재락(宋在絡)

유생으로 1919년 3.1독립선언 직후에 유생 137인과 함께 연서로 파리평화회의에 장서를 보내고 옥고를 치렀다.

송재만(宋在滿)

일명 재만(在萬)이며, 1891년 8월 1일 충남 서산군 대호지면 조금리에서 출생하여 1919년 4월 4일 남상락(南相洛), 이대하(李大夏) 등과 대호지면과 천희시장에서 군중 9백여 명과 함께 독립만세 시위운동을 주도하고 피체되어 10월 24일 공주지방법원과 같은 해 12월 24일 경성복심법원에서 보안법과 출판법위반 및 일인의 엽총을 강탈했으므로 강도죄가 추가되어 5년형을 받고 옥고를 치렀다.

1977년 12월 13일 건국공로 대통령표창을 추서하였다.

송씨독립운동가(宋氏獨立運動家)

송재원(宋在元)

충북 보은군 삼근면 원남리 사람으로 1944년 일군에 강제징집되었으나 중국 강서성 일대의 격전지에 투입된 것을 기회로 일군을 탈출하여 9전구로 가서 한적사병들과 비호대를 조직하고 정보교육과 유격전 교육을 받는 한편 대원으로 활약하였으며, 1945년 4월 한국광복군 제1지대 제3구대에 편입되어 9전구내에서 계속 활약하다가 전사하였다.

송재원(宋在元)

평양 사람으로 선천에서 대한독립청년단 단원으로 청년단연합회 국내공작원 김최명(金最明) 등과 협력하여 활약하다가 피체되어 징역 6월형을 받고 신의주 감옥에서 복역하였다.

송재필(宋在弼)

1888년생으로 경기도 안성군 외가천면 사람이다.

1919년 4월 1일 오후 8시에 안성군 원곡면과 양성면 양 면민 수천 명이 독립만세 시위운동을 거행하였을 때 일경의 발사로 현장에서 4명은 순사하고 133명이 피체되었고, 1920년 3월 22일 경성고등법원에서 치안유지법위반 죄명으로 징역 3년형을 받았다.

1977년 3.1운동으로 대통령표창을 받았다.

송재현(宋在賢)

1907년 정미조약을 반대하여 영천에서 거의한 후 이강년(李康秊) 의병진의 중군진 후군장으로 일병 일대를 영솔하고 충북, 경북, 강원 일대에서 일군과 항전한 의병장이다.

송전도(宋全道)

일명은 송전도(宋銓道)이며, 함북 부령군 서상면 사람으로 1909년에 안희제(安熙濟) 등 80여 명과 대동청년당을 조직하고 활약하였다.
1963년 3월 1일 건국공로 대통령표창을 수상하였다.

송정욱(宋鼎頊)

전북 옥구군 사람으로 1919년 11월 임시정부 조사원으로 임명되어 전북 옥구군 지역의 조사업무를 담당하여 실행하였다.

송정헌(宋正憲)

전북 옥구군 세정면 구암리 사람으로 사립 영명중학교 교원이었다.
1919년 3월 6일 군산장날을 이용하여 영명중학교 교사들과 학생들이 주동하여 기독교인들과 일반 군중 등 2천여 명이 독립만세 시위운동을 거행하고 피체되어 옥고를 치렀다.

송씨독립운동가(宋氏獨立運動家)

송제운(宋濟雲)

숙천 유학자의 한 사람으로 1895년 을미국모시해의 복수를 위하여 숙천에서 거의한 후 제천으로 가서 유인석(柳麟錫) 의병진에 가담하여 왜군과 항전하다가 유인석을 따라 도만하여 독립운동을 계속한 의병장이다.

송종규(宋宗奎)

평북 위원군 사람으로 1920년 4월 19일 임시정부 연통제 평북 위원군 군장서로 임명되어 독립운동에 헌신하였다.

송종규(宋鍾奎)

한말 승지로 경술합방을 반대하여 자결하였다.

송종근(宋鍾根)

1929년 11월 3일 광주학생사건에 가담하여 일본 제국주의 타도와 대한독립만세를 외치다 일경에 피체되어 고생한 학생이다.

송종대(宋鍾大)

황해도 연백군 해성면 출신으로 1919년 3월 28일 김옥배(金珏培) 등과 연안장날을 이용하여 독립만세시위를 전개하다가 왜경에게 피체되어 수형하였다.

송종만(宋鍾萬)

평북 반동 사람이며, 반동 군감으로 1920년 만주대학살 때에 관전현 대류하에서 일병에게 피살되었다.

송종빈(宋鍾斌)

충남 논산군 두마면 사람으로 군자금을 모집하여 헌납하였다. 공적으로 1977년 12월 13일 건국공로 대통령표창을 수상하였다.

송종석(宋宗錫)

전북 익산군 왕관면 사람으로 1919년 3월 18일 금마시장에서 김광덕(金光德) 등과 같이 주동하여 군중 수백 명과 함께 독립만세 시위운동을 거행하였다.

송종선(宋鍾宣)

1919년 3월 1일 서울 탑동공원에서 거행한 독립선언식에 참석하고 독립만세 시위운동을 진행하다가 3월 1일 오후에 일경에 피체되어 수형하였다.

송씨독립운동가(宋氏獨立運動家)

송종우(宋鍾愚)

신흥군 가평면 사람으로 1919년 3월 15일 가평면에서 지방유지들의 주동으로 면민 수백 명이 독립만세를 고창하며 원평장으로 행진하고 그곳 시위군중과 합세한 1천여 명이 독립만세 시위운동을 계속하였을 때 피체되어 옥고를 치렀다.

송종혁(宋棕赫)

충북 괴산군 증평면 사람으로 3.1운동에 가담하여 독립만세 시위운동을 전개하였다.

1977년 12월 13일 건국공로 대통령표창을 수상하였다.

송종현(宋鍾鉉)

전남 일대를 중심으로 고려공산청년회를 조직하고 노동자 농민을 이끌어 일본제국주의 타도, 조선독립 쟁취, 공산주의사회 건설 등 목적을 이루기 위해 활약하였다.

1928년 8월에 동지 46인과 함께 제4차 공산당 사건에 연루되어 1930년 12월에 서울지방법원에서 치안유지법위반 죄명으로 3년형을 받았다.

송재렴(宋在濂)

일명은 중선(仲善), 자렴(子濂), 세복(世福)이며, 1879년 11월 3일 평안북도 위원군 위원면 고성동에서 출생하였다.

봉천성 통화현 강산이도구(奉天省通化縣崗山二道溝)로 건너가 1923년 1월에 육군 주만참의부 간부로 있으면서 위원군 구입주재소를 습격하여 순사 1명을 사살하고 군자금을 모금하는 등 활약했다.

일제의 조선총독부 경무국의 요시찰 인물로 지목되었으나 지하운동을 계속하였다.

송주면(宋宙勉)

전남 화순군 남면 사람으로 경술국치를 반대하여 순절하였다. 1977년 12월 13일 건국공로 국민장을 추서하였다.

송주방(宋柱邦)

박천 유학자의 한 사람으로 1895년 을미국모시해의 복수를 위하여 박천에서 거의한 후 제천으로 가서 유인석(柳麟錫) 의병진에 가담하여 왜군과 항전하다가 유인석을 따라 도만하여 독립운동을 계속한 의병장이다.

송주봉(宋柱奉)

전남 해남군 사람으로 해남보통학교 학생이었다.

1919년 4월 6일 해남읍 장날에 김규수(金奎秀), 김한식(金漢植) 등 학생들과 주동하여 군중 1천여 명이 독립만세 시위운동을 거행하다가 피체되어 형을 받았다.

송주영(宋柱營)

전남 담양군 사람으로 유생으로 1913년 9월에 독립의군부의 결사에 참여하여 활약하였다.

송주일(宋柱一)

전남 장성군 삼서면 송용리 사람으로 1919년 3월 10일 송용리에서 기독교인 70여 명과 같이 독립만세 시위운동을 거행하였다.

송주헌

유학자로서 구국독립운동에 헌신할 것을 결심하고 1919년 서울 탑동공원에서 거행된 기미 3.1독립운동에 참가하였으며, 이어 동월 5일 융희황제가 우제에 나가는 도중에 백관형(白觀亨), 유준근(柳濬根) 등과 같이 상소문을 올리는 등 활동하다가 왜경에게 피체되어 옥고를 치렀다.

송주홍

전남 보성군에서 일제의 침략에 항거하여 창의한 의병대장 안규홍(安圭洪)의 휘하에서 참모장으로 활약하였다.

송준필(宋俊弼)

성주군 초전면 고산동 출신으로 당시 영남 지방에 널리 알려진 유학자이다.

곽종석(郭鍾錫), 장석영(張錫英), 김창숙(金昌淑) 등과 조선독립청원서를 작성하여 유림대표 서명에 찬동하고 영남지방 유림의 지지하에 서명하였으며, 같은 해 4월 2일 성주시장에서 독립만세시위를 전개하는 등 독립운동에 활약하다가 일본 헌병에게 피체되어 대구지방법원에서 1년 6개월의 징역을 언도받고 옥고를 치렀다.

1963년도에 건국공로 대통령표창을 추서하였다.

송지석(宋芝碩)

1879년 9월 2일 평안북도 위원군 서태면 송계동에서 출생하여 봉천성 환인현 사평위로 건너가 1919년 5월에 대한독립단에 입단하였다.

1922년 4월에는 동지들과 함께 국내 위원군내에 출장하여 군자금 모금에 활약했으며, 일제의 조선총독부 경무국의 요시찰 인물로 지목되었으나 지하운동을 계속하였다.

송지영(宋芝英)

일명은 지영(芝泳)이며, 경북 영주군 풍기면 출신으로 왜군의 강제소집으로 입대하여 학병 일군 소위가 되었으나 1945년 8월 종전 후 광복군 잠편지대에 입대하여 한적병사 처우문제로 왜군과 투쟁하였다.

송씨독립운동가(宋氏獨立運動家)

1982년 중국항일운동으로 건국포장을 받았다.

송지환(宋芝煥)

경남 합천군 사람으로 1919년 3.1운동 이후 해인사 지방학림 학생들과 주동하여 독립선언서를 배포하고, 합천, 공양, 삼가, 초계, 의령, 진주, 사천, 하동 일대를 순유하며 독립운동을 전개하는데 가담하여 활약하였다.

송지환(宋芝煥)

사천군 정동면 사람으로 1919년 3월 21일 사천공립보통학교 졸업일을 기하여 학생, 군중 수백 명과 함께 독립만세 시위운동을 거행한 후 상해 임사정부와 연락을 취하면서 비밀리에 활약하다가 발각, 피체되어 1년간을 복역하였다.

송진상(宋鎭相)

전북 정읍군 태인면 사람으로 1919년 3월 16일 태인 장날을 이용하여 송수연(宋洙連) 등 지방유지, 청년 수명과 함께 독립만세 시위운동을 거행하고 피체되어 옥고를 치렀다.

송진선(宋鎭善)

신흥군 원평면 사람으로 1919년 3월 15일 원평 장날을 이용하여 군중들과 함께 독립만세 시위운동을 거행하였고, 이어 가평면에서 온 만세군중과 합세한 1천여 명을 이끌고 시위운동을 계속하다가 주동자로 피체되어 옥고를 치렀다.

송진우(宋鎭禹)

호(號)는 고하(古下), 전남 담양군 고삼면 담양 사람으로 김성수(金性洙)와 손을 잡고 중앙중학교장으로 합법적 민족 운동을 전개하였다.

3.1운동시에는 배후의 주모자로서 예수교의 이승훈(李昇薰)을 민족대표로 추천, 인출하였고 그로 인하여 1년여의 옥고를 치렀으며, 그 후는 시종여일하게 동아일보 책임자로 민족혼을 고취하는 한편 여론을 조성하였다.

1945년 광복 후 한국민주당을 조직하고 건국사업에 전력하였고, 동년 3월 30일 한현우(韓賢宇)에게 피살되었다.

1962년 3월 1일 건국공로 국민장을 추서하였다.

송찬용(宋贊用)

회양군 하북면 사람으로 천도교인으로 1919년 4월 15일과 16일 하북면에서 천도교인들의 주동으로 군중들을 이끌고 독립만세 시위운동을 거행하다가 주동인물로 피체되었다.

송찬홍(宋贊洪)

사천군 서포면 동평리 사람으로 1919년 4월 10일과 16일 부락의 서당학생과 주동으로 군중들을 이끌고 독립만세 시위운동을 거행하다가 주동인물로 피체되었다.

송창규(宋彰奎)

위원군 대덕면 사람으로 독립군으로 활약하다가 왜경에게 피체되어 징역 2년을 복역하였다.

송창근(宋昌根)

흥사단의 한국지부인 동우회의 간부로 민족의 실력양성을 통하여 독립을 실현하려고 힘쓰다가 1937년 소위 치안유지법위반 죄명으로 징역 2년을 언도받았으나 상고심에서 무죄를 언도받았다.

송창근(宋昌根)

경기도 양주군 덕두리 출신으로 진동창의부의 윤인순(尹仁淳) 의병장 휘하에서 의병활동을 하다가 1910년 10월 26일 경성지방재판소 형사부 재판부장에서 징역 3년을 선고받고 옥고를 치렀다.

송창빈(宋昌彬)

함북 경흥 사람으로 1916년에 독립군 홍범도(洪範圖) 휘하에서 활약하였고, 1919년 8월에는 혜산진(惠山鎭)과 만포진(滿浦鎭) 공략시에 참전했으며, 1920년 6월 소대장으로 승진하여 활약하다가 1922년 연길현 태평구에서 피체되어 총살로 순국하였다.

송창석(宋昌錫)

경기도 인천부 금곡리 사람으로 한국광복군에 편입하여 중국 대륙에서 항일전에 참전하였다.

1963년 8월 15일 건국공로 대통령표창을 수상하였으며, 1977년 12월 13일 건국공로 포장을 수상하였다.

송창섭(宋昌燮)

만주 안도현 청석하에 거주하였던 교민으로 1919년 4월 상순에 청석하에서 교민 1백여 명을 동원하여 독립선언 축하식을 거행하고 항일독립운동에 헌신할 것을 맹약하였다.

송창해(宋昌海)

덕천 사람으로 1919년 3월 5일, 6일, 7일 연 3일간 천도교인들과 기독교인들이 합동으로 주동하여 군중 6백여 명을 이끌고 독립만세 시위운동을 거행하였을 때 주동자의 한 사람으로 피검자 90여 명과 같이 피체되어 옥고를 치렀다.

송씨독립운동가(宋氏獨立運動家)

송창헌(宋昌憲)

1907년 정미조약을 반대하여 노병대(盧炳大), 김운노(金雲老), 임용헌(林容憲) 등과 속리산에서 의병 2백여 명을 모집하고 서울의 해산병 수백 명과 합류하여 1천여 명으로 의병진을 편성하였으며, 노병대를 대장으로 추대하고 일군과 항전한 의병장이다.

송천흠(宋千欽)

일명은 인건(寅建), 무출(武出)이며, 경북 성주군 초전면 고산동에 거주하던 사람으로 1919년 3.1운동 직후에 유생 137인과 함께 파리평화회의에 보내는 장서에 서명하고 보안법위반으로 10월형을 받았으니 당년이 30세였다.

1919년 4월 2일 기독교인, 유교계 인사들과 연합하여 독립만세시위를 하다가 일경에게 피체되어 옥고를 치렀다.

1968년 건국공로 대통령표창을 수상하였다.

송철수(宋哲洙)

유생으로 1919년 3.1독립선언 직후에 유생 137인과 함께 파리평화회의에 독립을 청원하는 장서를 보내고 옥고를 치렀다.

송치섭(宋致燮)

함경북도 경성 사람으로 1919년에 함북연통제를 조직하여 활약하다가 피체되어 4년형을 받고 복역하였다.

송치수(宋致壽)

1919년 3월 안성에서 3.1독립만세 시위운동을 주도하다가 왜경에게 피체되어 2년간 수형하였다.

송치열(宋致烈)

1893년 생으로 봉천성 안도현 대사하(大沙河)로 건너가 중국공산당 만주성위원회 안도현위원회 간부로 활약했으며, 일제의 조선총독부 경무국의 요시찰 인물로 지목되었으나 지하운동을 계속하였다.

송쾌철(宋快喆)

전북 완주군 삼례면 사람으로 중국대륙에서 한국광복군에 입대하여 항전한 공적으로 1963년 8월 15일 건국공로 대통령으로 대통령표창을 추서하였다.

송태규(宋泰奎)

일명은 산우(山雨)이며, 1901년 7월 28일 함경북도 경흥군

송씨독립운동가(宋氏獨立運動家)

웅기읍 웅상동에서 출생하여 5세 때에 부모님을 따라 소련 수청으로 건너갔다.

1927년 6월 간도로 들어와 조선공산당 만구총국에 가맹했고 다시 수청으로 건너가 활약했으며, 일제의 조선총독부 경무국의 요시찰 인물로 지목되었으나 지하운동을 계속하였다.

송태식(宋泰植)

평북 위원군 사람으로 1920년 4월 19일 임시정부 연통제 평북 위원군 군장서로 임명되어 독립운동에 헌신하였다.

송태식(宋泰植)

일명은 영식(永植)이며, 전북 익산군 왕관면 사람으로 을사조약과 정미조약을 반대하여 익산에서 거의하고 일제와 항전한 공적으로 1977년 12월 13일 건국공로 포장을 추서하였다.

송태호(宋太浩)

전남 함평군에서 항일투쟁을 위해 정기연(鄭琦衍), 조사현(曺士鉉) 등 동지와 상의하고, 1920년 3월 26일 격문을 군민에게 배포한 후 군중들과 합세하여 선두에서 대한독립만세를 고창하며 경찰서를 향해 시위를 전개하다가 동지들과 함께 왜경에 피체되어 징역 1년형을 언도받고 옥고를 치렀다.

송택영(宋澤永)

경술국치를 당하고 일제의 학정이 극심하여지자 1914년 강원도 회양군에서 의병장 박장록(朴長錄), 부장 송익수(宋益洙), 참장 송두환(宋斗煥) 등과 모의하여 회양의 구국충절 애국청장년을 규합하여 일제에 항쟁하였다.

송택흥(宋澤興)

1893년 1월 22일 평안북도 위원군 밀산면 남성동에서 출생하여 봉천성 집안현으로 건너가 육군 주만참의부 제1중대 경호대원과 동부민사부 통신대원으로 활약했으며, 일제의 조선총독부 경무국의 요시찰 인물로 지목되었으나 지하운동을 계속하였다.

송판구(宋判九)

1907년 정미조약을 반대하여 진안에서 거의한 후 이석용(李錫庸) 의병진의 선봉장으로 의병 일대를 영솔하고 석전리, 배용리, 내원사, 화암리, 장수읍, 두봉리, 무벌촌, 마판현, 이방리, 시동, 주류산중, 운현, 관촌역, 노희산상, 가수리 등지에서 일군과 항전한 의병장이다

송필만(宋必滿)

1893년 9월 2일 경기도 이천군 제계면 풍계리에서 출생하여

북성회계 공산당원으로 1923년 8월에 미국 샌프란시스코로 건너가 활약했다.

일제의 조선총독부 경무국의 요시찰 인물로 지목되었으나 지하운동을 계속하였다.

송학선(宋學善)

일명은 인수(仁秀)이며 서울 사람이다.

1926년 3월 조선총독 재등실(齋藤實)을 암살하기로 결심하고 융희 황제의 붕어(崩御)를 이용하여 금호문(金虎門) 앞에서 대기하다가 일인 3인이 탄 자동차에 뛰어 올라 재등실(齋藤實)로 오인하고 국수회(國粹會) 지부장 고산효행(高山孝行)과 경성부 협의원 좌등호태랑(佐藤虎太郎)을 사살하였으며, 이후 피체되어 1927년 5월 19일에 사형, 순국하였다.

1962년 3월 1일 건국공로 국민장을 추서하였다.

송한용(宋漢鏞)

전북 정읍군 태인면 사람으로 1919년 3월 16일 태인 장날을 이용하여 박지선(朴址宣) 등 지방청년, 유지 수명과 함께 독립만세 시위운동을 거행하고 피체되어 옥고를 치렀다.

1977년 12월 13일 건국공로 대통령표창을 추서하였다.

송씨독립운동가(宋氏獨立運動家)

송환구(宋桓九)

1944년 왜군의 강제징병으로 입대하였으나 동지 등과 1945년 1월 9일 행군중 탈출에 성공한 후 중국군과 접선하여 신점진(新店鎭) 유격대와 합동작전으로 왜군을 급습하여 사살하는 등 항일활동을 하였다.

송한룡(宋漢龍)

일명은 한근(漢根)이며, 전북 고창군 신림면 사람으로 1919년 3월 독립만세 시위운동 후 국내에서 항일독립운동을 거행한 공적으로 1982년도에 건국공로 대통령표창을 추서하였다.

송행범(宋行範)

평안북도 구성군 사람으로 1919년 3월 31일 군중 1천여 명과 동년 4월 1일에는 군중 1천 5백여 명과 계속하여 구성신시에서 독립만세 시위운동을 거행하다가 일군의 발포로 현장에서 적탄을 맞고 순사하였다.

송헌기(宋憲基)

경남 합천군 대병면 출신으로 1919년 3.1운동시 동지들과 밀의한 후 3월 20일 대병면 창리 장날을 이용하여 모인 4천 명의 군중과 함께 독립만세 시위운동을 전개하였다.

이에 출동한 왜경에 피체되어 옥고를 치렀다.

송씨독립운동가(宋氏獨立運動家)

송덕길(宋德吉)

1884년 7월 4일 경기도 고양군 용강면 공덕리 12번지에서 출생하여 1904년 형인 덕수(德樹)를 따라 미국 뉴욕으로 건너가 상업학교를 졸업하고 그곳에서 활약했다.

일제의 조선총독부 경무국의 요시찰 인물로 지목되었으나 지하운동을 계속하였다.

송덕수(宋德樹)

1880년 10월 27일 경기도 고양군 용강면 공덕리 62번지에서 출생하여 민족주의 배일을 지니고 1904년에 미국 하와이로 건너가 활약했으며, 일제의 조선총독부 경무국의 요시찰 인물로 지목되었으나 지하운동을 계속하였다.

송덕영(宋德榮)

1907년 한말에 해산된 군인을 포섭하여 군산, 인천에서 하와이로 수송하였고, 1919년 3.1독립만세 시위운동 때에는 평양에서 숭실전문학교 학생과 독립만세시위를 하였다.

그 후에 사내총독이 요직에 불렀으나 이를 거부하고 투옥당하는 한편 1930년 도미하여 이승만(李承晩), 윤병구(尹炳球)와 협력하여 한인동지회 북미총회간부로 활약하였다.

송해갑(宋海甲)

전남 고흥군 동강면 대강리 사람으로 가정이 빈곤하여 춘당에게서 한학을 배우고 1930년에 21세로 자동차 면허를 받았다.

같은 해 5월에 처숙인 박만춘(朴晩春)이 경영하는 전주 자동차연구소의 강사로 있다가 1931년 7월 중순 광주읍 북정 장칠영(張七永) 집에서 노동조합 준비위원회를 조직하는 한편, 이 해 10월 하순에는 광주노동조합을 조직하여 활동하였다.

같은 해 12월 19일에는 광주 동정 안병수(安秉洙)의 집에서 이응규(李應奎) 이하 9명과 회합하여 열성자대회를 열어 전남노농협의회를 조직하고 김호선(金好善)을 전책임자로 결성확장에 노력하다가 1934년 12월 19일 피체되어 치안유지법 위반으로 징역 2년형을 받았다.

송 헌(宋 憲)

1925년 중화교구의 천도교 간부로 1919년 3.1운동 당시 중화교구에 있으면서 대동군 용연면 천도교인 김성진(金聖鎭)이 평양교구에서 가져온 독립선언서를 중화군내 천도교 기관에 전하는 등 시위운동을 지도하였고 이후 피체되었다.

송현건(宋玄健)

강서 사람으로 천도교 강서교구 간부였다.

1919년 3월 3일 강서읍에서 천도교인과 기독교인들이 합동으로 주동하여 군중 4천여 명과 함께 독립만세 시위운동을 거행하다가 일병의 발포로 사망자 9명과 부상자 4명을 냈을 때 주동자의 한 사람으로 수십 명과 함께 피체되어 옥고를 치렀다.

송현근(宋賢根)

모락장교회 목사였다.

1919년 3월 4일 원장 장날을 이용하여 감석교회 장로 조진탁(曺振鐸), 최능현(崔能賢), 임이걸(林利杰), 같은 교회 영수 백이옥(白履玉), 원양교회 지도자 윤상열(尹相悅), 고지형(高志亨), 차현구(車玄九) 등과 주동하여 각 교회에서 수천 명을 동원하고 원장과 사천시장에서 독립만세 시위운동을 거행하였다.

일제와 충돌하여 많은 사상자를 냈으며, 많은 주동 인물들이 검속되었다.

송현일(宋鉉一)

1919년 3월 12일과 동월 17일 영덕 영해 장날에 군중 수천 명과 함께 독립만세 시위운동을 진행하다가 현장에서 12명의 순사자를 내고 주동자의 한 사람으로 피체되어 대구형무소에서 1년 6개월간 수형하였다.

송현태(宋顯台)

1941년 일제에 대항하여 민족의 독립사상을 고취하다가 감금당하였다.

송형규(宋炯奎)

평북 삭주군 사람으로 1920년 상해임시정부와 기맥을 연락하기 위한 단체인 함북연통제 사건으로 왜경에게 피체되어 1920년 8월 7일 함흥지방법원에서 징역 4년형을 언도받고 옥고를 치렀다.

송형섭(宋炯燮)

유생으로 1919년 3.1독립선언 직후에 유생 137인과 함께 연서로 파리평화회의에 독립을 청원하는 장서를 보내고 옥고를 치렀다.

송호곤(宋鎬坤)

유생으로 1919년 3.1독립선언 직후에 유생 137인과 함께 연서로 파리평화회의에 독립을 청원하는 장서를 보내고 옥고를 치렀다.

송호기(宋鎬基)

유생으로 1919년 3.1독립선언 직후에 유생 137인과 함께 연서로 파리평화회의에 독립을 청원하는 장서를 보내고 옥고를 치렀다.

송호완(宋鎬完)

유생으로 1919년 3.1독립선언 직후에 유생 137인과 함께 연서로 파리평화회의에 독립을 청원하는 장서를 보내고 옥고를 치렀다.

송홍래(宋鴻來)

유생으로 1919년 3.1독립선언 직후에 유생 137인과 함께 연서로 파리평화회의에 독립을 청원하는 장서를 보내고 옥고를 치렀다.

송홍만(宋弘萬)

일명은 동산(東山), 홍복(弘福), 호(虎)는 수창(壽昌)이며, 1890년 9월 19일 함경남도 항흥군 서호면 송대리 368번지에서 출생하였다.

북경으로 건너가 1923년 7월에는 동지 19명과 함께 한인동지회를 조직했고, 1925년에는 한족동맹회를 조직하였다.

같은 해 12월에는 동지 40여 명과 대한독립단 북경촉성회를 조직했고 상해로 가서 1929년에 국민부 육군 제2사단 제6여간 제11단 기관에서 활약했으며, 일제의 조선총독부 경무국의 요시찰 인물로 지목되었으나 지하운동을 계속하였다.

송씨독립운동가(宋氏獨立運動家)

송홍식(宋弘植)

경북 안동군 안동읍 사람으로 천도교 신자이다.

1919년 3월 18일 안동읍 장날을 이용하여 천도교인들과 기독교인들이 합동으로 주동하여 군중 3천여 명과 함께 독립만세 시위운동을 거행하였을 때 피체되어 옥고를 치렀다.

송회근(宋晦根)

경북 성주군 초전면 사람으로 1902년 등과(登科)하여 종사랑 법부 주사로 있다가 퇴직하고 하향하여 기미 3월 파리평화회의에 보낼 장서에 서명날인 운동을 전개하였으며, 같은 해 4월 2일 성주시장에서 독립만세 시위운동을 주도하다 피체되어 1년간 미결, 1년간 수형하였다.

1983년에 건국공로 대통령표창을 추서하였다.

송훈익(宋勳翼)

경북 성주군 초전면 고산동 출신으로 1919년 4월 2일 성주시장에서 송우선(宋祐善) 등과 독립만세 시위를 벌이다가 일본 헌병에게 피체되어 10월형을 선고받고 대구형무소에서 옥고를 치렀다.

송흥국(宋興國)

재규(在奎)의 장자로 1901년 11월 28일 황해도 연백군 은천

송씨독립운동가(宋氏獨立運動家)

면 연남리 378번지에서 출생하였다.

1919년 3월 29일 황해도 백천에서 동지 20명과 독립만세운동을 하다가 왜헌에게 피체된 후 해주지방법원으로 송치되어 독립운동 주모자로 징역 2년을 선도받고 복역하다가 형이 반감되어 1년을 복역하고 출감하였다.

1977년 3.1운동으로 대통령표창을 받았다.

송흥만(宋興萬)

화청군 상서면 사람으로 1919년 3월 28일 상서면 봉오리에서 각계 인사들과 주동으로 화전민이 많이 참가한 군중 2천여명과 함께 독립만세 시위운동을 거행하고 읍으로 향하여 행진하던 중 신풍리에서 일병의 발포로 10여명의 사상자를 내었으며, 주동자의 한 사람으로 피체되어 옥고를 치렀다.

송흥진(宋興眞)

전남 장성군 북하면 사람으로 1919년 3월 장성에서 독립만세 시위운동을 거행한 공적으로 1977년 12월 13일 건국공로 대통령표창을 추서하였다.

송희선(宋羲宣)

철원군 사람으로 일찍이 의병으로 활약하였고 1919년 3월 10일 철원읍에서 각계인사, 학생 등과 주동하여 군중 다수를 이끌고 독립만세 시위운동을 거행하다가 주동자의 한 사람으로 피체되어 옥고를 치렀다.

송희성(宋希成)

1904년 경상북도 영일군에서 출생하여 길림성 화룡현 삼도구로 건너가 중국공산당 만주성위원회 군사부장으로 활약했으며, 일제의 조선총독부 경무국의 요시찰 인물로 지목되었으나 지하운동을 계속하였다.

참고문헌(參考文獻)

『삼국사기』(三國史記)

『삼국유사』(三國遺事)

『고려사』(高麗史)

『고려사절요』(高麗史節要)

『조선왕조실록』(朝鮮王朝實錄)

『고려공신전』(高麗功臣傳)

『국조인물고』(國朝人物考)

『국조방목』(國朝榜目)

『동국여지승람』(東國輿地勝覽)

『고려명신록』(高麗名臣錄)

『독립운동사』(獨立運動史)

『각성씨세보』(各姓氏世譜)

『성씨의고향』(姓氏의故鄉)

『한민족대성보』(韓民族大姓譜)

『한국문화유적총람』(韓國文化遺跡總攬)

『대동방씨족원류사』(大東方氏族源流史)

『한국의전통예절』(韓國의傳統禮)

『한국성씨총감』(韓國姓氏總鑑)

『한국인명대사전』(韓國人名大辭典)

『성씨대보총람』(姓氏大譜總覽)

남양송씨(南陽宋氏) 이야기

2014 年 8 月 8 日 인쇄
2014 年 8 月 8 日 발행
편 저 : 성씨이야기편찬실
발 행 : 올린피플스토리

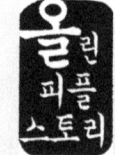

출판등록 : 제 25100 - 2007 - 000017 호
주   소 : 서울특별시 강동구 구천면로 18길 23호
홈페이지 : http://www.ollinpeople.co.kr
전   화 : 070)4110-5959
팩   스 : 02)476-8739
정   가 : ₩ 19,800

ISBN : 979-11-5743-466-4

* 파손된 책은 바꾸어 드립니다.